땅과
정의

땅과 정의

토지·정의·복지에 관한 에세이

초판 1쇄 발행 2011년 12월 19일

지은이 김윤상
펴낸이 오은지 **펴낸곳** 도서출판 한티재 **등록** 2010년 4월 12일 제2010-000010호
주소 706-821 대구시 수성구 범어4동 202-13 **전화** 053-743-8368 **팩스** 053-743-8367
전자우편 hantijaebook@daum.net **블로그** http://hantijaebook.tistory.com

ⓒ 김윤상 2011
ISBN 978-89-97090-02-0 03330
책값은 뒤표지에 있습니다.

땅과 정의

토지·정의·복지에 관한 에세이

김윤상 지음

한티재

세상을 바꾸려면 이론, 운동, 정치의 3박자가 맞아야 합니다. 그렇다고 혼자서 3박자를 다 맞출 수는 없습니다. 저는 이 중에서 고정관념과 이해관계에 오염되지 않은 이론을 세우는 데 30년 넘는 세월을 보냈습니다. 제 전공은 토지정책이고 지금과 같은 토지사유제는 특권을 정당화하는 나쁜 제도라고 비판해왔습니다.

저는 단순하고 한가롭게 사는 걸 좋아하는 사람이고 그래서 가급적 모임에도 안 나가고 언론 노출도 기피해왔습니다. 다만, 지식인의 사회적 책임을 외면해서는 안 된다고 생각하기 때문에, 제 전공과 관련 있는 중요한 시사문제가 불거지면 어쩌다 한 번씩 언론에 기고하곤 했었습니다.

그런데 10년 이상 잠잠하던 부동산이 노무현 정부 때부터 들썩거리자 정부가 다급하게 대책을 마련하였습니다. 이때부터 치열한 '말의 전쟁'이 벌어졌습니다. 부동산이라는 거대한 이익을 배경으로 하여 개발과 공급을 주장하는 쪽이 전선을 압도하는 가운데 그래서는 안 된다는 반군(?)이 치열한 방어전을 벌였습니다. 2005년 초에는 '토지정의시민연대'라는 반군 지원단체가 생겼습니다. 제가 평생 연구하고 주장해온 내용을 정책으로 도입하는 것을 목표로 삼는 단체입니다. 모임을 좋아하지 않는 사람이지만 공동대표를 맡을 수밖에 없었습니다. 지금은 임기가 끝나서 지도위원이라는 이름으로 관여하고 있습니다.

조직과 인연에 매여 자의반 타의반으로 언론에 글을 자주 쓰게 되었습니다. 글의 주제는 대부분 부동산 문제에 관한 것이었습니다. 노무현 시대에는 한쪽으로는 토지불로소득을 정당화하려는 거대한 세력을 나무라면서 다른 쪽으로는 여기에 맞서는 미약한 세력을 격려하였습니다. 때로는 정답을 못 찾고 헤매는 정책 당국에 일침을 놓기도 했고 선한 의지를 가지고 있지만 잘못된 대안을 제시하는 우군과 논쟁을 하기도 하였습니다. 그 후 이명박 정부가 들어서면서 그나마 이룩한 성과를 부정하고 역사의 시계를 거꾸로 돌리는 일이 많아지자 실망 속에서 비판하는 글을 썼습니다.

2007년 초에는, 대구지역 인터넷 매체인 『평화뉴스』의 칼럼 필진이 되어 달라는 요청이 있었습니다. 아시는 분은 아시겠지만 『평화뉴스』는 보수 일색의 대구지역에서 사막의 오아시스와 같은 인터넷 언론이며 바로 그렇기 때문에 규모나 독자 수가 영세하고 고료도 물론 없습니다. 저의 기질상 고정 필진이 되는 걸 별로 내켜하지 않았지만, 다른 매체에는 글을 쓰는 사람이 또 서울중심주의를 타파하고 지역간 균형을 이룩해야 한다고 외쳐온 사람이 요청을 거절할 명분이 없었습니다. 그래서 이런저런 글을 주기적으로 쓰게 되었고 글의 주제도 좀 다양해졌습니다.

그런데 느닷없이 도서출판 한티재에서 제 글을 정리해서 출판하자는 제안을 해왔습니다. 출판? 시사적인 글은 언론에 게재되었으면 그걸로 족하지 않나요? 제 글을 출판해서 한티재에 무슨 도움이 되나요? 그런데 한티재 쪽에선 도움이 된다는 겁니다. 그럴 리가요? 팔리지도 않을 텐데요…… 이러다가 결국 원고를 넘기고 말았습니다. 좋은 세상을 꿈꾸어온 한 사람의 기록이라고 생각해주시면 감사하겠습니다. 저로서는 시사적인 사건과 연계하여 일반인을 위해 풀어쓴 준 전공서라고 생각하고 싶습니다.

책의 목차는 제가 글을 쓴 경위에 맞추었습니다. 일단 노무현 시대와 이명박 시대의 특징을 보여주는 글을 각각 2부와 3부로 나누어 배치하고 다른 주제는 4부와 5부에 배치했습니다. 실명을 거론하면서 쓴 글은 별도로 1부에 모았습니다. 추가로, 부동산에 관한 저의 생각을 정리하여 부록에 실어두었습니다.

기획과 편집을 위해 수고해주신 도서출판 한티재 여러분께 감사드립니다. 도서출판 한티재는 헌책방 기반의 문화공간 '물레책방', 젊은 활동가와 인문학도들의 모임 '땅과자유'와 함께하는 문화기업으로 알고 있습니다. 이 책 4부에 들어 있는 「알래스카와 인문학」은 이런 삶을 권장하고 싶은 저의 마음을 담고 있습니다. 그리고 토지정의를 위해 지은이와 오랜 세월 뜻을 같이 해온 분들께도 감사드립니다. 헨리 조지도 말했듯이, 다른 사람도 같은 별을 본다는 사실을 알면 더 확실한 믿음을 가지고 그 별을 볼 수 있기 때문입니다.

교수 정년을 3년 앞둔 2011년 초겨울

김윤상

차례

2부   노무현 시대의 글 싸움

3부 이명박 시대의 절망

4부 복지 · 교육 · 한미FTA

5부 좋은 세상을 꿈꾸며

1부

멀어도 바른 길로 — 실명 논평

멀어 보여도 바른 길로

_ 노무현

대통령에 당선되신 노무현 씨. 축하드립니다. 대통령 당선자를 아무개 씨
라고 불러도 어색하지 않을 만큼 노 당선자는 우리에게 소박한 인상을 주
었고, 멀리 있다고 생각해온 정치와 정치인을 우리 가까이 느끼게 해주었
습니다.

노 당선자의 장점은 '낡은 정치 청산'이라는 구호에도 나타나듯이 기존
의 고정관념에 얽매이지 않고 덜더라도 바른 길을 가려고 하는 당당함입
니다. 대통령에 취임하시더라도 당당한 원칙론을 지켜나갈 것으로 믿기
때문에, 고정관념과 달라 멀어 보이지만 그러나 당당하고 바른 길에 대해
말씀드리려고 합니다.

　　노 당선자는 이렇게 공약하였습니다. "수도권 과밀 해소와 국토의 균

형발전을 위해 충청권에 새로운 행정수도를 건설하고, 청와대와 국회, 중앙행정기관을 이전하겠습니다." 이 공약을 둘러싸고 일부에서는 수도권의 집값, 땅값이 하락한다고 하면서 수도권 중상 계층 유권자의 이기심을 자극하였고, 일시적으로 노 당선자의 지지도에 영향을 주기도 하였지요. 언제는 부동산 가격이 너무 비싸서 서민이 살기 어렵고 기업의 경쟁력도 떨어진다고 하더니 이제는 부동산 가격이 하락한다고 비판을 하다니, 이해하기 어려운 일입니다.

반면 행정수도를 충청권에 건설할 경우에 충청권의 땅값이 오를 것이고 그러면 충청권 지주가 불로소득을 얻게 되는데 이 부분에 대해서는 어느 후보도 언급이 없었습니다. 노 당선자도 일산 건설의 예를 들면서 인구 50만 정도의 행정수도를 건설하더라도 서울의 집값, 땅값에는 별 영향이 없을 것이라고만 대응하셨지요. 수도권의 집값, 땅값이 내리는 것은 안 되고 충청권의 땅값이 오르는 것은 괜찮다는 것인가요? 이것은 정치권이 표를 의식한 결과이고 따라서 '당당한 노무현'에 다소간 못 미치는 모습이었다고 봅니다.

이제부터는 집값은 땅값에 포함시켜 언급하려고 합니다. 최근 강남의 아파트 가격이 오른 것은 강남의 아파트 시설이 좋아서가 아니라 강남이라는 지역의 인기를 반영한 결과라는 점에서도 알 수 있듯이 집값은 결국 땅값에 의해 좌우되기 때문입니다.

정부 정책으로 인해 땅값이 등락할 때 노력하지 않은 일부 국민이 이익을 취하거나 책임 없는 일부 국민이 손실을 감수하는 것은 옳지 않으며, 이런 문제에 대한 해결책은 이미 노 당선자의 공약에 들어 있습니다.

"토지보유세를 높이고 토지거래세를 줄인다" ── 바로 이것입니다. (보도에 따르면 "주택정책 분야에서 투기 억제에 초점을 맞춰 보유세 강화와 거래세의 점진적 축소 방안 등을 제시하였다"고 하는데, 노 후보 측에서 집값 문제는 곧 땅값 문제라는 단순한 사실을 몰랐을 리가 없으므로 저는 이 공약을 토지정책 공약이라고 이해하려고 합니다.)

그렇습니다. 토지거래세는 토지거래를 억제하기 때문에 나쁜 세금입니다. 우리 사회에서는 부동산을 사고팔아 전매차익을 노리는 투기가 성행했기 때문에 부동산 거래는 억제해도 좋다고 생각하는 경향이 있지만, 거래를 억제하면 실수요자까지 피해를 입게 된다는 점을 생각해야 합니다. 도둑을 막는다는 이유로 통행금지를 실시하는 것과 같다고 할까요?

반면 토지보유세는 좋은 세금입니다. 토지불로소득을 '원천적으로' 봉쇄하는 동시에 토지거래에 지장을 주지 않는 세금이기 때문입니다. 토지를 투기적으로 소유하는 사람이 적지 않은 현실에서 상당한 세율의 토지보유세를 부과하면, 소유자가 부담을 피하기 위해 토지를 내놓게 되니까 실수요자 중심의 토지 배분이 오히려 촉진되기까지 합니다.

한 걸음 더 나아가서 세금 전체를 살펴본다면 현재 정부 수입의 대종을 이루고 있는 부가가치세나 소득세도 좋은 세금이 아닙니다. 소득이나 부가가치는 장려해야 할 대상인데도 여기에 세금을 매기면 경제가 위축될 것이 자명하지 않습니까? 더구나 엄청난 불로소득을 그냥 놔둔 채 생산적 노력에 세금을 매기는 것은 정의롭지도 않고 진정한 사유재산제에도 맞지 않습니다.

이제 해답은 분명해졌습니다. 토지보유세를 높이고 그만큼 나쁜 세금을 깎아주면 됩니다. 그러다 보면 결국 토지보유세를 가장 우선적인 정부 수입으로 삼는 세제, 부득이할 경우에 다른 세금을 보완적으로 징수하는 세제로 가게 됩니다. 이런 제도를 '지대조세제'라고 합니다. 점진적으로나마 이런 방향으로 이행하면 사회정의도 세우면서 대선 공약으로 내건 7% 경제성장도 어렵지 않게 달성할 수 있습니다. 투기와 불황에 시달리던 덴마크에서는 이런 정책을 (실시하기 전에) 예고만 했는데도 굉장한 효과를 본 사례가 있습니다.

생소한 제도라고 해서 신중을 기하고 싶으시다면 우선 행정수도 건설 특별법에 지대조세제를 채택하여 효과를 검증한 다음 확대 적용해나가는 방법도 좋겠습니다. 100년 전 영국 전원도시 건설의 선구자였던 에벤에저 하워드E. Howard도 신도시에 지대조세제를 적용해야 한다고 하였습니다.

지대조세제는 미국의 헨리 조지Henry George(1839~1897)가 주창한 제도입니다. 헨리 조지는 '낡은 정치 청산'을 추구하는 노 당선자처럼 고정관념을 탈피하여 새로운 관점에서 사회를 개혁하려고 했던 사람으로서 당시 영어사용권에서는 마르크스보다 더 유명했었습니다. 그 역시 노 당선자처럼 대학 근처에도 가보지 않은 사람인데 아마도 대학에 가지 않았기 때문에 그만큼 편견에 물들지 않고 독창적인 사고를 할 수 있었던 게 아닌가 합니다.

지대조세제는 근본적으로, 사람이 생산하지 않은 것은 공유로, 사람이 생산한 것은 생산자의 사유로 하자는 건전한 상식에 바탕을 두고 있습니다. 다시 말하면 토지와 자본의 사유를 바탕으로 하는 자본주의와 양자의 공유를 바탕으로 하는 사회주의의 중간에 있는 제3의 이데올로기입니다.

통일한국이 남한식 자본주의를 채택해야 할까요? 아닙니다. 병폐가 많은 자본주의를 통일의 모델로 할 이유도 없는 데다가 그렇게 된다면 북한 주민은 자존심에 심한 상처를 입을 것이고 또 적응하는 데도 매우 힘이 들 것입니다. 바로 이런 점이 통일의 장애로 작용하기도 할 것입니다. 그렇다면 남북한 두 체제의 장점을 따서 토지는 공유, 자본은 사유로 하는 체제가 좋지 않을까요? 남한은 토지소유권을 그대로 둔 채 토지보유세 위주의 세제개혁을 하고 북한도 토지국유제를 유지하면서 현 사용자에게 제값 받고 임대하는 방식을 취하면 될 것입니다.

고정관념에 매이지 않는 당당한 원칙의 사나이 노무현 씨의 관심과 결단을 기대합니다.

『토지와 자유』 2003년 1월호(제20호)

총리 해명이 설득력 얻으려면

_ 이해찬

이해찬 총리의 부인이 3년 전 매입한 경기 안산시 대부도 농지 683평을 둘러싸고 "투기다, 아니다" 공방이 벌어지고 있다. 이 공방의 정치적 결말에 관심이 쏠리겠지만, 이번 사태를 올바른 부동산 대책의 수립을 위한 계기로도 삼을 수 있다. 이 총리 사례가 주는 교훈 세 가지만 들어보자.

[교훈 1] 위장인지 실수요인지, 정부로서는 확인할 길이 없다

첫 번째 교훈은 정부가 개인의 행위를 심사하여 시장기능을 대체하려는 정책은 실효를 거두기 어렵다는 점이다.

　이 총리 부인이 문제의 농지를 살 때 '농업경력 15년'이라고 신고하

고 농지 취득 자격을 얻었다. 이 총리와 같은 고위 인사만이 아니라 농지를 위장 취득하는 경우는 주위에 너무도 흔하다. 또 이 총리는 농사를 지으려고 했다고 하지만, 작년과 금년 이 땅을 돌보지 못했음을 시인했고 현재 주말농장으로 이용되고 있는 면적도 전체의 반이 안 된다고 한다. 농지를 구입하는 사람 가운데는, 다른 사정이 생겨서 농사를 못 지은 사람도 있을 것이고 농사 지을 뜻이 아예 없으면서 혹 문제가 생기면 "사정상 못했다"고 변명하려고 작정하는 사람도 있을 것이다. 이런 개별 사정의 진실을 당사자도 아닌 정부가 알아낼 방도가 없다.

한편, 문제의 땅에 대해서는 안산시가 실태조사를 하여 휴경상태에 있으면 농지 처분을 요구하는 제도가 마련되어 있기는 하다. 그러나 특별히 문제가 불거진 땅이라면 모를까 지방자치단체가 모든 토지에 대해 사용 실태를 제대로 확인하고 판정한다는 것은 불가능에 가깝다.

[교훈 2] 토지불로소득 환수—'사회정의'와 '경제효율' 함께 잡는 길

두 번째 교훈은 토지불로소득을 완전히 환수해야 한다는 점이다.

이 총리의 부인에 대해서는 공적으로 알려진 바가 없지만, 적어도 이 총리 본인은 재산증식이나 바라고 세상을 사는 사람은 아니라는 세간의 평이 있다. 이런 세평을 그대로 인정하더라도 결과적으로 문제의 땅값이 올랐기 때문에 이 총리 가족은 본의든 아니건 토지불로소득을 얻었다.

이 총리는 "그 땅을 팔 생각이 없다"고 하지만 그냥 소유하면서 담보로 활용할 수도 있고, 살다 보면 부득이 땅을 처분해야 하는 경우도 있다.

또 끝까지 안 팔고 있으면 결국에는 자손이 상속하는 것이 보통이다. 그러므로 팔 생각이 없다는 것만으로 의혹이 해소되는 것은 아니다. 투기목적이 아니라는 이 총리의 해명이 설득력을 가지려면 토지불로소득을 세금으로 완전히 환수하는 제도가 필요하다.

토지투기는 토지에 '투자'해서 평균 투자수익을 넘는 큰 이익을 얻으려는 행위이기 때문에, 모든 토지소유자에게 매입지가의 원금과 이자만을 보장하고 그 이상의 이익을 세금으로 환수한다면 투기는 사라진다. 이런 세금을 필자는 '국토보유세'라고 부른다.

진작 국토보유세 제도를 시행하여 토지에서 불로소득을 얻을 수 없는 상황이었다면, 도시 거주자인 이 총리 가족이 농지를 사든 말든, 그 농지에서 농사를 짓든 말든, 땅을 팔 생각이 있든 없든 별다른 시비 거리가되지 않았을 것이다. 나아가서는 투기 때문에 고안된 갖가지 정부 규제도대폭 줄일 수 있을 것이다.

국토보유세는 단지 이 총리의 체면을 살릴 수 있는 장치가 아니다. 이 제도는 사회정의와 경제효율이라는 두 마리 토끼를 한꺼번에 잡아 국가의 기초를 튼튼하게 해준다.

우선 토지투기가 완전히 사라진다. 토지를 단순히 소유하는 것만으로는 금리 이상의 이익이 나지 않기 때문이다. 또 토지가 최선으로 사용된다. 토지소유자가 땅을 제대로 활용하든 놀리든 국토보유세액은 동일하므로, 땅을 제대로 사용하지 않으면 오히려 손해를 본다. 따라서 땅의 소유·사용·거래를 규제하지 않아도 시장의 힘에 의해 토지가 최선으로 사용된다.

[교훈 3] 토지 백지신탁으로 도덕적 부채 탕감해야

세 번째 교훈은 고위공직자에 대한 토지 백지신탁제도를 도입해야 한다는 점이다. 토지 백지신탁제도는 고위공직자가 재산등록을 할 때 토지에 대해서는 실수요임을 해명하도록 하고, 해명을 하지 못하거나 해명의 설득력이 없을 경우에는 그 토지를 신탁하도록 한 뒤 퇴직 시 매입 당시 지가와 그 이자만 환불하는 제도이다. 이 제도에 따라 신탁된 토지는 국토보유세를 적용하는 것과 같은 상태가 된다. 그러므로 토지 백지신탁은 투기 의혹과 관련한 도덕적 부채를 탕감해주는 효과가 있다.

이 총리가 의혹의 소용돌이에 말려든 것은, 실수요자임을 객관적으로 입증하기 어려운 땅에서 불로소득이 발생했기 때문이다. 그러므로 진작 토지 백지신탁제도가 있었다면 이 총리는 투기 의혹에서 벗어나 국정에 전념할 수 있었을 것이다. 또 토지불로소득에서 자유로운 공직자가 펼치는 부동산정책은 설득력이 더 높다는 점도 깊이 생각해야 한다.

필자는 8·31 부동산 대책에 대해 "애는 썼지만 정답에는 훨씬 못 미친다"고 평가하고 있는데 그 이유는 이 총리 사례에서도 쉽게 찾을 수 있다. 이 총리는 억울하게만 생각하지 말고 개인 경험에 비춰 부동산 대책이 정답에 더 가까워지도록 노력해주기 바란다.

또 이 총리가 개인적으로라도, 자진해서 대부도 땅을 백지신탁한 것처럼 처리한다면 "나는 투기하는 사람이 아니다"라는 자신의 해명에 힘이 더 실릴 것으로 믿는다.

『오마이뉴스』 2005. 9. 17.

청와대의 재건축 인식, 2% 부족하다

_ 정문수

8·31 후속 대책에 관심이 쏠리는 가운데 정문수 청와대 경제보좌관이 재건축 문제와 관련하여 중요한 언급을 하였다. 3월 17일자 청와대 홈페이지에 '정문수 경제보좌관의 재건축 이야기'라는 제목으로 올린 글을 인용해보자.

재건축에 관한 정답은 (…) 재건축을 로또로 만드는 주범인 개발이익을 어떻게 효율적으로 환수하는가 (…) 개발이익 환수를 강화하는 대신 규제를 단순화하고 절차를 투명화한다면 개발이익도 환수하고 공급도 유지하는 것이 가능할 것입니다. (…) 참여정부는 8·31 후속 대책을 준비하고 있고 여기에는 보다 근본적이고 원칙적인 대책이 담겨지게 될 것입니다.

한마디로, 재건축으로 인한 개발이익은 철저히 환수하고 실수요에 바탕을 둔 재건축은 보장하겠다는 것이다. 찬성이다. 정 보좌관의 좋은 뜻에 보탬이 될까 하여 몇 가지 의견을 제시하려고 한다.

첫째로 개발이익은 부동산 전체가 아니라 토지에서 환수해야 한다. 건물은 시간이 흐를수록 가치가 하락하기 때문에 예외적인 경우가 아니면 개발이익을 낳지 않는다. 건물 등 인공적 개량 부분에 과세하면 개량을 억제한다. 토지에만 집중하면 실무도 쉽다. 그런데도 토지와 건물을 섞는 이유가 있다면 아파트가 건둘 평당 얼마로 거래되기 때문에 가격 파악이 쉽다는 것인데, 아파트 대지만의 가격은 전체 가격에서 감가상각을 감안한 건축비를 빼면 쉽게 나온다.

물론, 재건축의 경우에만 국한한다면 건물을 포함해도 큰 부작용은 없겠지만 재건축만이 아니라 일반적인 개발이익 문제를 일관성 있게 다루기 위해서는 재건축 대책에서도 원론을 따라야 한다.

둘째로 개발이익을 매매가ᄀᄒ의 차이로 파악하지 말고 임대가격의 차이로 파악해야 한다. 부동산이나 주식과 같은 자산의 매매가격은 미래 수익의 흐름(즉 미래의 임대가격)만이 아니라 할인율(즉 이자율)에 의해서도 영향을 받는다. 그런데 이자율에 따라 변화하는 금액은 개발이익이 아니다.

이자율이 하락하면 매매가격이 오르게 되는데 이 금액을 환수할 것인가는 개발이익 환수와는 다른 차원에서 고민해야 한다. 필자는 예외적인 경우를 제외하고는 그 환수에 반대하지만 이 글에서는 길게 설명하지 않겠다. 만약 이것을 환수한다면, 이자율이 상승해서 매매가격이 내릴 때는 당연히 보상해줄 각오를 해야 한다.

셋째, 개발이익은 재건축의 경우만이 아니라 '모든' 토지에서 '상시적으로' 환수해야 한다. 토지는 개인이 생산한 것이 아니며, 개량물이 아닌 토지만의 가치 변화는 지주의 생산적 노력과는 무관하기 때문이다. 토지 개발이익은 불로소득이고 이는 '완전히' 환수해야 한다.

토지불로소득을 '완전히' 환수하자고 하면 자본주의에 어긋난다고 오해하는 사람이 적지 않다. 자본주의를 받치는 두 기둥은 사유재산제와 시장경제이다. 사유재산제는 노력의 대가를 보장하기 위해 생산물의 사유를 인정하는 제도이고, 시장경제는 원하는 사람끼리 생산물을 자유롭게 교환하도록 해주는 제도이다. 그렇다면 토지불로소득 완전 환수의 어떤 면이 반자본주의적인지 반문하고 싶다.

혹자는, 자본주의에 반하는 것은 아니지만 '완전' 환수는 극단적이라고 생각하기도 한다. 마치 지구가 둥글다거나 움직인다는 설명을 처음 접하는 사람이 너무 극단적인 이론이라고 생각하는 것과 같다고 할까. 어중간한 입장에서 보면 진리는 언제나 극단적으로 보인다.

그러나 진리를 적용할 때는 사회가 유기체라는 점을 감안하여 충격을 줄이고 연착륙시키는 방안을 강구할 필요는 있다. 토지불로소득을 환수하는 이상적인 방법은 '국토보유세'다. 국토보유세란 매년 토지 임대가격에서(즉 지대에서) 매입지가에 대한 이자를 공제한 금액을 징수하는 세금으로서, 일명 '지대이자차액세'라고도 한다.

국토보유세는 토지불로소득을 완전히 환수하면서도 사회에 충격을 주지 않고 기존 토지소유자에게도 부담을 주지 않는다. 더구나 모든 세금 중에서 가장 시장친화적이라는 장점까지 갖추고 있다.

정문수 보좌관은 재건축 문제의 본질을 파악하는 데서는 정답에 이르렀지만 해결책 제시에서는 2% 부족한 듯이 보인다. 그런데 이 2%는 마치 음식에 간을 맞추는 것과 같아서 이게 없으면 부동산 대책은 온갖 좋은 재료, 갖은 양념을 다 넣고도 맛을 잃고 만다. "근본적이고 원칙적인" 부동산 대책을 마련한다고 한 정 보좌관은 2%만 더 채우기 바란다.

한마디를 덧붙이고 싶다. 필자는 2%라고 하여 별것 아닌 것처럼 표현했지만 국토보유세의 배경이 되는 철학을 진심으로 이해하려던 토지관의 코페르니쿠스적 전환이 필요하다. 모든 인간은 이 땅에 세 들어 사는 나그네일 뿐이다. 자세히 설명하지 않아도, 뛰어난 인재로 소문난 정 보좌관은 이 말의 의미를 잘 알 것이다

『오마이뉴스』 2006. 3. 20.

경제부총리 낙마의 교훈

_ 이헌재

이헌재 경제부총리가 부동산투기 의혹이라는 강력한 태풍에 낙마하였다. 참여정부가 발탁한 장관 중에서 여야를 막론하고 대체로 좋은 평가를 받아왔고 또 어려운 경제를 재임 중에 회복 기조로 돌려놓은 공이 있음에도 불구하고 경제정책의 수장 자리를 불과 1년 정도밖에 지키지 못하고 말았다.

　이번 사태를 계기로 국민 사이에 부동산 문제를 보는 시각이 양극화되어 있음이 여실히 드러났다. 일반 국민은 부동산투기를 지극히 혐오하고 이헌재 씨 부부의 행위는 있을 수 없는 일이라고 보는 반면, 이헌재 씨를 비롯한 서울의 상류층은 그렇지 않은 듯하다. 투기 의혹이 불거진 후 이헌재 씨는 자신의 행위는 투기가 아니다, 편법을 사용할 의도가 없었다, 또는 투기할 의도가 없었다고 변경을 하였고 서울 상류층을 대변하는 보수 언론도 이헌재 씨를 감싸는 듯한 모습을 보여주었다.

　서울의 상류층은 기회만 있으면 전국에 걸쳐 돈 될 만한 땅을 사두면서 "자본주의 사회에서 최적의 투자를 하는 것"이라고 합리화하였다. 또 설령 그게 잘못이라고 하더라도 "너희 중 죄 없는 자가 돌을 던져라"는 엄격한 잣대를 내세워 항변하기도 하였다. 사실 서울의 상류층만이 아니라 일반 국민도 "나도 기회가 되면 땅으로 한몫 잡고 싶다"는 마음이 없지 않았고 실제로 얼마간의 돈으로 상류층을 모방하기도 하였다.

　일반 국민이 법이 허용하는 범위 내에서 투자를(또는 투기를) 하는 것을 비난하기는 어렵다. 또 법을 다소 어겼다고 해도 관행에 따랐다면 역시 선뜻 나무라기가 어렵다. 그런 법과 관행을 방치 내지 조장한 정책 당국의 책임이 너무 크기 때문이다.

　그렇다면 정책 당국은 무엇을 해야 하나? 응당 사회정의를 세우고 경제효율을 높이는 제도를 만들어야 한다. 부동산에 있어서 이 두 마리 토끼를 한꺼번에 잡는 방법은 잘 알려져 있다. 토지보유세를 인상하는 동시에 경제에 짐이 되는 다른 세금을 그만큼 감면해주면 된다.

　그런데도 지금까지 역대 정부가 토지보유세 인상을 추진할 때마다 "조세 저항이 염려된다"는 식의 반대가 많았다. 참여정부 들어서도 전향적인 부동산정책을 시도하였지만 정부와 정계에서는 이런 발목잡기를 되풀이하였다. 이것은 공무원과 정치인 자신이 땅과 아파트에 투자 내지 투기하고 있기 때문이라는 추측이 많았는데, 이헌재 파동을 통해서 볼 때 상당한 증거를 확보하게 되었다.

사실 '조세 저항'은 토지보유세를 반대하는 이유로서는 낯간지러운 면이 있다. 그런 이유를 내세우는 사람의 상당수는 실은 '내가 저항한다'는 말을 돌려서 표현할 뿐이기 때문이다. 그래서 이론이라는 이름으로 포장하여 소위 시장경제론을 내세우는 수도 많다. 토지도 시장에 맡기라는 것이다. 시장이 완벽하다면, 장기적으로 또는 사회 전체적으로 토지불로소득의 평균이 0이 되므로 별 문제가 없다는 것이다.

그러나 우리나라에서 지난 수십 년간 땅 가진 사람의 불로소득이 평균 0이었나? 빈부격차의 주범이 바로 토지불로소득 아니었는가? 시장의 완벽성이라는 가정하에서만 존재할 수 있는 결론을 현실에 갖다 붙이지 말기 바란다. 경제학자는 늘 현실을 예외로 취급한다는 머피의 파생법칙이 생각난다.

다시 한번 강조하건대 정부는 토지보유세를 대폭 인상하고 다른 세금을 대폭 줄여야 한다. 그렇게 하면 토지불로소득이 줄어 토지시장이 정상화되는 동시에 일반시장에서도 세금 대신 가격이 자원 배분을 매개하게 되어 시장주의자가 진정 바라는 상태가 된다.

『오마이뉴스』 2005. 3. 8.

인권과 토지불로소득, 양립할 수 없다

_ 최영도

이번에는 최영도 국가인권위원회 위원장이 부동산투기 의혹에 휩싸였다. 부인이 위장전입을 했다든가, 전국 곳곳에 수십억 원의 부동산을 보유하고 있다는 등 이헌재 전 경제부총리와 너무나 닮은꼴이다. 그의 첫 해명도 이헌재 씨를 빼다 박았다. 법은 어겼지만 투기 목적이 아니었다는 것이다. 앞으로 나타날 결말도 이 부총리의 전철을 밟을 가능성이 크다.

필자가 늘 지적하는 말이지만 현재와 같은 부동산정책으로는 이런 일이 되풀이될 수밖에 없다. 토지를 재산증식의 수단으로 삼아도 좋도록 제도를 만들어 놓고는, 그 제도에 따라 나름대로 '최적의 투자'를 한 사람이 저명인사가 되면 공격의 대상으로 삼는 이해하기 어려운 풍속도가 전개되고 있다. 그러니 당사자는 "여론 재판이다"라고 하면서 비판에 승복

하지 않는다.

두 사람 다 농지개혁법과 주민등록법이라는 실정법을 위반한 사실이 있지만 이것은 본질이 아니다. 근본 문제는 국민 모두에게 천부된 삶의 터전인 토지를 통해 노력도 기여도 없이 치부를 했다는 데 있다. 이 점 인권변호사로서의 공적에 치명적인 흠이 되고 있는데도 본인은 무엇을 그토록 잘못했는지 아직 깨닫지 못한다는 것이 우리나라의 비극이다.

최영도 인권위원장은 취임하면서 그동안 인권운동은 자유권적 기본권, 이른바 정치적 권리에 초점을 맞춰왔다고 하면서 "이제는 사회권적 기본권, 즉 복지에 관심을 둬 사회적 약자와 소수자들, 이를테면 아동·여성·노인·농민·노동자·도시빈민 등의 인권에 중점을 둬서 일을 해보겠다"고 하여 기대를 모았다. 자유권적 기본권보다 사회권적 기본권을 중시한다면 무엇보다도 기회를 균등하게 보장하는 가운데 성실하게 노력하는 사람이 잘살 수 있는 사회를 만들어야 한다. 노력과 기여도 없이 남이 생산한 것을 차지하는 사회는 사회권적 기본권을 근본부터 훼손하는 사회이다.

그러나 최 위원장은 자신이 수십억에 달하는 불로소득을 올리면서, 그것이 국민의 사회권적 기본권을 심각하게 침해한다는 사실을 모르고 있다. 그저 투기 목적이 아니면 충분하다고 생각하고 있다. 바로 여기가 그의 인권의식의 한계이다. 최 위원장이 진정 사회권적 기본권을 중시한다면, 자신의 행위는 다른 국민의 생산물을 훔친 것이나 다름없다는 점을 깨닫고, 자신의 행위로 인해 기본권을 침해받은 경제적 약자를 위해 토지불로소득을 환원해야 한다. 나아가서는 자신과 같은 '선의의 가해자'가 더 나타나지 않도록 제도를 개혁하는 데 앞장서야 한다.

토지불로소득을 막는 최선의 방법은 토지보유세의 대폭 강화라는 사실은 잘 알려져 있다. 토지보유세를 올리면서 다른 세금을 감면해주면 사회정의도 세우고 경제성장도 이룩할 수 있다는 사실도 잘 알려져 있다. 또 그래야만 제도가 인재를 잡는 덫으로 작용하는 현실을 바꾸어낼 수 있다.

최 위원장의 학습과 분발을 기대한다.

『오마이뉴스』 2005. 3. 19.

투기 의혹 있는 인재를 등용하려면

_ 홍석현

고위공직자의 토지투기가 또 드러났다. 홍석현 주미대사의 730억 원대 재산 가운데 상당한 부분이 실수요와는 무관한 부동산이고 일부는 부인과 모친의 위장전입을 통해 구입하기도 하였다는 것이다.

토지는 인간의 노력에 의한 생산물이 아니고 국토는 국민 모두에게 천부된 유한한 삶의 터전이다. 그러므로 토지를 통해 불로소득을 올리는 것은 옳지 않다. 이런 사실을 이해하는 데 무슨 특별한 지능이나 도덕성이 필요한 것이 아니다. 상식과 양심을 가진 사람이라면 누구나 알고 있다.

그러나 땅을 소유하면 일반 금리에 비해 엄청난 이익이 생기는 현실을 눈앞에서 보아온 대한민국 국민치고 어느 누구가 땅을 소유하고 싶지 않았을까? 우리 국민은 기회가 나는 대로 토지를 재산증식의 수단으로 삼아왔다. 남들도 다들 그렇게 하니까, 또는 법이 금하고 있지 않으니까, 혹은 나만 가만히 있으면 뒤처지니까 등의 이유를 대면서.

왜 이처럼 상식과 괴리된 제도가 계속되는 걸까? 우리 국민은 왜 집단적인 양심불량에서 헤어나지 못하고 있는 걸까? 사회가 이 지경이 된 책임은 누구에게 있는 것일까? 물론 우리 국민 전체의 잘못이고 동시에 우리 국민 개개인의 탓이다. 그러나 가장 큰 책임은 제도를 만드는 임무를 가진 정부가 져야 한다.

정부가 해야 할 일은 간단하다. 근본적으로는 토지에서 불로소득이 발생하지 않도록 하면 된다. 토지를 소유하더라도 매입지가의 원리금 이상의 소득이 생기지 않는다면 토지투기를 하라고 해도 안 할 것이다. 또 필요한 사람만 토지를 매입할 것이므로 가수요가 사라져서 시장이 정상화된다. 즉 사회정의와 경제효율이 동반 실현된다.

토지불로소득을 환수하는 가장 좋은 수단은, 토지보유세를 대폭 인상하면서 다른 세금을 그 수입만큼 줄여가는 패키지형 세제개혁임은 너무 잘 알려져 있다.

한편, 지금까지 재산증식을 위해 토지를 소유해온 사람에 대해서는 어떻게 할 것인가? 너나 할 것 없이 부동산투기를 해왔기 때문에 투기 의혹이 있는 사람을 제외하고 나면 능력 있는 고위공직자를 구하기 어려운 것이 현실이다. 그러나 그런 과거를 외면하고 임명한다면 의혹과 사퇴라는 불행한 일이 되풀이 된다. 이 문제에 대해 적절한 조치를 취하지 않으면 난감한 악순환이 계속된다.

그러므로 현재 국회에서 고려 중인 공직자윤리법 개정에 토지 백지신탁제도를 포함시켜야 한다. 재산등록 대상 공무원이 실수요임을 해명하지 못하는 토지는 백지신탁을 하도록, 무늬만 백지가 아니라 명실상부한 백지가 되도록 한다는 것이다. 즉 실수요가 아닌 토지에 대해서는 퇴직 때 매입지가의 원리금만 돌려주도록 한다는 것이다. 또 그런 절차를 통해 과거 토지로 인해 사회에 진 도덕적 부채를 '탕감'하자는 것이다.

물론 백지신탁이 모든 것을 해결하는 것은 아니다. 사전에 토지를 매각하면 그 이전의 불로소득은 그의 수중에 들어가며 또 실수요 토지에서 생기는 불로소득은 막을 수 없기 때문이다. 그러나 적어도 공직 취임 이후의 토지 재테크는 차단할 수 있기 때문에 공정한 정책을 펴는 데 크게 기여할 것이고 이를 계기로 사회에 토지불로소득은 안 된다는 강력한 신호를 보낼 수 있을 것이다.

『오마이뉴스』 2005. 4. 16.

경제 대통령을 꿈꾸는 후보자에게

_ 이명박

한나라당 대선 경선후보인 이명박 씨의 부동산 의혹이 아프간 인질 사태에 묻히고 있다. 이명박 진영에서는 태풍을 피했다고 안도하겠지만 그들이 내세우는 것처럼 이명박 씨를 '경제 대통령'으로 만들기 위해서는 이대로는 안 된다. 이명박 씨가 입에 달고 다니는 말처럼 "경제는 아무나 살릴 수 있는 게 아니기 때문"이다.

이명박 씨 진영에서 경제 대통령이라는 말을 하는 배경에는 그가 일류 건설회사를 경영해봤다는 경력이 자리 잡고 있는 것으로 생각된다. 그런데 건설회사가 잘되는 것과 나라 경제가 잘되는 것은 일치하지 않는다. 투기 바람이 불어 건설회사가 공급하는 물건마다 매진 사태가 벌어진다면 건설회사는 번성하지만, 투기는 나라 경제를 망치고 국민을 고통에 빠

뜨린다.

이명박 씨의 부동산 의혹은, 친인척 명의의 부동산이 실은 이명박 씨 것이 아니냐에 초점이 맞춰진 듯하다. 물론 이것도 중요하다. 차명으로 재산을 관리했다면 부도덕하기도 하지만 실정법에도 위반되어 후보 자격까지 문제될 수 있기 때문이다. 그러나 그 진위를 일단 덮어두더라도 친인척이 전국 곳곳에 부동산을 소유하고 있다는 점 자체는 객관적인 사실이다. 국민이 그의 친인척처럼 행동한다면 경제가 제대로 될 것인지를 생각해보아야 한다. 우리나라 상류층은 기회만 있으면 전국에 걸쳐 돈 될 만한 땅을 사두면서 "자본주의 사회에서 최적의 투자를 하는 것"이라고 합리화하였다. 또 설령 그게 잘못이라고 하더라도 "너희 중 죄 없는 자가 돌을 던져라"는 엄격한 잣대를 내세워 항변하기도 하였다. 사실 상류층만이 아니라 일반 국민도 "나도 기회가 되면 땅으로 한몫 잡고 싶다"는 마음이 없지 않았고 실제로 얼마간의 돈으로 상류층을 모방하기도 하였다.

이런 사회에서는 경제가 제대로 안 된다. 자금이 비생산적인 곳으로 흐르기 때문이다. 시장경제가 제대로 작동하려면 돈이 생산적인 부문으로 흐르도록 물꼬를 정상화해주어야 한다. 경제 대통령을 꿈꾼다면 응당 이런 공약부터 내놓아야 한다. 이명박 씨가 7월에 종합부동산세를 줄이겠다고 발표했다가 뒤늦게 이를 취소한 사례에서도 보듯이, 그의 경력 때문인지 부동산과 경제의 관계를 제대로 인식하지 못하고 있다.

경제 대통령이라는 수식어가 단순한 득표용이 아니라 진정 국민을 위해 경제를 살리겠다는 뜻이라면 물꼬를 제대로 틔우는 다음과 같은 공약을 내놓아야 한다. 첫째로, 토지보유세를 대폭 높인다는 공약을 내놓아야 한다. 토지불로소득을 완전히 차단함으로써 부동산으로 몰리는 돈을 생산적인 부문으로 돌려야 한다. 그래야 국민이 그의 친인척과 같은 행동을 하지 않게 된다.

둘째로, 모든 고위공직자가 토지를 백지신탁하도록 공직자윤리법을 개정한다는 공약을 내놓아야 한다. 토지 백지신탁이란 공직 취임 전에 토지를 신탁하고, 공직을 물러날 때 토지의 취득가액에 대한 원리금을 상환받는 제도다. 공직자 재산공개를 통해 여러 차례 보았듯이 우리나라 상류층 상당수는 부동산투기 의혹에서 자유롭지 못하다. 이런 현실을 방치하면 유능한 사람이 이명박 씨 자신처럼 부동산투기 의혹에 치여 공직에서 능력을 발휘할 기회를 얻지 못하게 된다. 공직 취임 전에 백지신탁 기회를 주고 더 이상 문제 삼지 않는 제도를 둘 필요가 있다.

추가해서, 본인과 친인척의 부동산은 지금이라도 백지신탁을 하기 바란다. 그렇게 한다면 차명 투기 의혹에서 자유로울 수 있을 뿐 아니라, 나아가서 친인척 비리에 대한 국민의 의구심까지 누그러뜨릴 수 있다. 이명박 씨의 친인척이 그렇게 드센 걸 보니 대통령에 당선되더라도 큰 사단이 생기지 않을까 걱정하는 국민이 적지 않다. 우리나라 현대사에서 대통령 친인척 비리 문제가 끊이질 않았기 때문이다.

혹 '친인척까지야 어떻게……'라고 주저한다면 대통령감이 아니다. 이명박 대통령이 탄생하기를 친인척이 바란다면 틀림없이 흔쾌히 협조할 것으로 생각한다. 본인과 친인척이 과거에 처분한 의혹 부동산도 불로소득을 계산해서 헌납하면 더욱 모양새가 좋을 것이다.

『경향신문』 2007. 8. 10.

재산 기부가 위선이 되지 않으려면

_ 이명박

자연인 이명박 씨가 재산의 대부분을 내놓고 '재단법인 청계'를 만들었다. "가난하지만 열심히 살아가는 분들을 위해서" 쓰겠다고 한다. 좋은 일이다. 대선 과정에서 재산 의혹이 일었을 때 했던 약속이었고 또 당선 후 상당한 시간이 지난 뒤에야 실천에 옮겼다는 점에서 일부 비판도 있다. 그렇더라도 재산의 사회 환원이라는 면에서 좋은 모습을 보인 자연인 이명박 씨에게 찬사를 보낸다.

그러나 자연인 이명박 씨는 동시에 대통령이기도 하다는 사실을 생각하면 큰 아쉬움이 남는다. 그 이유는 「재산기부 소회 발표문」에도 나타나 있다. 이 글은 (논리적인 연결도 약하고 내용도 좀 산만하지만) 자연인 이명박 씨의 진솔한 인생관과 선한 마음을 담고 있다. 그러나 개인적으로

착한 사람이라고 해서 사회적으로 선한 지도자가 되는 것은 아님을 이 글이 여실히 보여준다.

두 가지만 지적해보자. 첫째로, "가난하지만 열심히 살아가는 분들을 위해서 제 재산을 의미롭게 쓰고 싶"다는 구절이 있다. 대통령이라면 이런 국민을 위해 개인 재산만이 아니라 국가 예산을 의미롭게 쓰는 방법을 당연히 생각해야 하고 그것이 정책에 반영되어야 한다. 그런데 왜 '강부자'(강남 땅부자) 정책을 추구하고 복지정책을 후퇴시키는지 모르겠다.

둘째로, 더 나아가서 "사람은 누구나 평등합니다. (…) 그러므로 우리는 서로를 존중해야 합니다. (…) 서로를 돕고 사랑과 배려가 넘쳐나는 따뜻한 사회가 되길 진심으로 고대합니다"라고 하였다. 이런 대통령을 정점으로 하는 정권에서 어떻게 강제 진압을 통해 철거민을 죽음에 몰아넣은 '용산참사'를 일으킬 수 있을까? 또 사후 처리를 보더라도, 반성의 모습은 전혀 없고 오히려 사회적 약자를 '배려'하려는 사람들을 탄압하고 있다.

이렇게 자연인의 가치관이 정치인의 정책으로 연결되지 않는 이유는 무엇일까? 가장 큰 이유는, 성공한 사람은 자신의 인생을 긍정하고 싶어 한다는 데 있다. 이명박 씨가 역경을 뚫고 성공적인 인생을 살았기 때문에, 자신이 헤쳐온 약육강식의 험난한 사회적 조건을 당연하게 여긴다는 것이다. 또 하나의 이유는, 이명박 씨가 일과 경쟁에 파묻혀서 살아왔기 때문에 다른 것을 돌아볼 여유가 없었다는 점이다. 오로지 살아남고 성공하는 것만 생각하는 사람에게 철학적 고민은 장애이자 사치일 뿐이다. (어떻게 보면 설혹 여유가 있었다고 해도 그런 방면의 고민과는 거리가 있는 '단순형' 인간 같기도 하다.)

이런 이유에서, 이명박 씨는 이기심을 바탕으로 냉정하게 대가를 주고받는 시장 속에서 각자 힘껏 경쟁하면서 살아가야 한다고 믿게 되었을 것이다. 그리고 실패하는 사람에게는 사회가 아닌 개인 차원의 선의와 자선을 통해 구제하면 된다고 생각하게 되었을 것이다.

이명박 씨가 시장과 경쟁을 기본으로 삼는 점에 대해서는 비난할 수 없다. 그것이 옳기 때문이 아니라, 반드시 틀리는 것은 아니기 때문이다. 그렇더라도 경쟁에는 조건이 있다. 경쟁의 성격이 적어도 소모적 경쟁은 아니어야 하고, 경쟁 과정이 공정해야 하며, 경쟁 결과 생기는 패자에 대한 배려가 있어야 한다는 것이다.

시장과 경쟁을 바탕으로 삼으면서 "사랑과 배려가 넘쳐나는 따뜻한 사회"까지 기대할 수는 없지만, "인간의 평등"이 최소한의 의미라도 가지려면 경쟁의 세 조건 정도는 갖추어야 한다. 이런 정책에 무관심하다면 「재산기부 소회 발표문」은 사회적 무식 또는 위선의 증거가 될 뿐이다. 이명박 대통령이 나름의 진정성을 바탕으로 재래시장에 가서 목도리를 풀어주고 어묵을 먹어도 국민이 감동하지 않는 데는 이유가 있음을 알아야 한다.

『오마이뉴스』 2009. 7. 7.

질투의 경제학과 편애의 경제학

_ 강만수

드디어 올 것이 오고야 말았다. 기획재정부는 9월 23일, 종합부동산세를 무력화시키는 안에 당정이 합의했다고 발표하였다. 이 안에 따르면 주택 15억 원까지는 종부세를 내지 않게 된다. 아직 한나라당 내에서도 반대 의견이 많다고는 하지만, 종부세 무력화는 이미 예견된 일이다.

새 집권세력은 참여정부의 부동산정책에 대해 매우 부정적인 평가를 해왔다. 예를 들면 이명박 대통령의 이런 발언이 있다. "참여정부의 부동산정책은 군청 수준이다. 뒷다리가 긴 산짐승을 잡으려면 내리막길에서 길목을 지키고 있어야지 온 산을 무조건 헤맨다고 잡히는 것이 아니다."

새 정부의 경제 수장인 강만수 기획재정부 장관도 이런 글을 썼다. "강남에 눌러앉은 사람들이 투기를 했나 가격을 올렸나? 이사하자니 무겁게 올린 양도소득세가 무섭고 눌러 살자니 종부세가 버거우니 어쩌란 말인가? 인식과 목적과 원칙이 착오된 종부세는 다수를 앞세운 '질투의 경제학'이다."

길목론과 질투론

이명박 대통령의 '길목론' 자체는 틀린 말이 아니다. 문제는 어디가 부동산정책의 길목이냐다. 우리나라 부동산 문제 중 가장 심각한 것은 당연히 투기다. 투기 중에는 경제에 도움이 되는 유형도 없지는 않지만, 부동산 투기는 도움은커녕 폐해만 크다. 서브프라임 모기지 사태로 빚어진 미국발 경제위기도 이 때문이다.

자세히 따져보면 부동산 중에서도 건물보다는 토지에 대한 투기가 문제다. 건물은 시간이 지남에 따라 낡고 가치가 하락하기 때문에 투기와 거의 무관하다. 토지투기는 토지의 매매와 보유를 통해 불로소득을 얻으려고 하는 행위이므로 투기를 막으려면 불로소득을 차단하면 된다. 이것이 바로 투기의 '길목'을 지키는 것이다.

토지불로소득을 차단하는 가장 좋은 수단이 고율의 토지보유세라는 사실은 상식이다. 종부세는 보유세의 일종이지만 과세 대상이 고액 부동산이라는 점에서 교과서적인 토지보유세와 좀 다르다. 그러다 보니 과세 대상자가 소수에 국한되었고 특정 지역의 주민이 많이 포함되었다. 강만수 장관은 이걸 '질투의 경제학'이라고 불렀다.

그러나 이것은 질투의 결과라기보다는 '길목'을 좁힌 결과라고 보아야 옳지 않을까? 1980년대 후반 강남의 고급주택에서 시작한 투기 바람이 전국을 강타했었고 2000년대 들어서도 이런 조짐이 있었기 때문에, 고급주택에 초점을 맞추었다고 해석하는 게 온당해 보인다.

가속기와 감속기 페달을 같이 밟는 이유는

더구나 토지보유세는 세금 중에서 경제 효율을 위해 가장 우수한 세금이라는 데 이론이 없다. 그렇다면, 부동산 문제가 아니더라도 당연히 토지보유세 중심으로 세제를 개편해야 한다. 그런데 이명박 정부는 경제를 살린다는 명분으로 감세정책을 쓰면서 종부세까지 무력화하였다. 경제라는 차를 몰면서 가속기 페달과 감속기 페달을 같이 밟고 있다.

이명박 정부가 왜 이럴까? 한 가지 이유는, 이해관계와 적대감 때문으로 보인다. '강부자' 내각이라는 별칭이 말해주듯이 새 정부는 자신을 포함한 부유층 돌보기가 체질화되어 있는 것 같다. 9·1 세제개편에서도 소득세와 상속세를 감면함으로써 이런 체질을 증명하였다. 또 정권에서 소외되었던 기간을 '잃어버린 10년'으로 부르는 데서도 알 수 있듯이 지난 두 정권에 대해서 적대감을 가지고 있다. 적대감은 이성을 마비시킨다. 그래서 무조건 갈아치우고 바꿔서 "좌파정권의 잔재를 청산"하려고 한다.

또 하나의 이유는 철학이 없다는 것이다. "이념에서 실용으로"라는 구호에 너무 충실해서인지 스스로 내세우는 '시장주의'라는 이념마저도 무시한다. 새 정부가 말하는 '시장'에는 소비자, 노동자, 영세상인은 없고 그저 공급자인 대기업과 건설업만 존재한다. 공급을 많이 하고 건설을 많이 하면 경제문제는 해결된다고 생각한다. 그래서 대기업과 건설업에 대한 정부 규제를 완화한다. 시장에 대한 위험관리 장치마저도 풀어버린다. 그러나 주택 미분양 사태에서도 보듯이 기업이 판단을 잘못해서 곤경에 처하면 정부가 나서서 구해준다. 이런 정책은 시장친화적이 아니라 기업친화적일 뿐이다.

상생의 경제학으로

기존 부동산정책이 나름대로 이유가 있는데도 불구하고 이를 '질투의 경제학'이라고 매도한다면, 그와 반대로 가는 현 정부의 부동산정책이 '편애의 경제학'이라는 비판을 받더라도 할 말이 없을 것이다. 이런 비판을 받지 않으려면 원론으로 가면 된다. 원론대로, 토지보유세를 가장 우선적인 조세로 삼고 그만큼 다른 세금을 대폭 감면하면 된다. 그러면 경제도 살고 세 부담도 공평해진다. 이것이 '상생의 경제학'이다.

『오마이뉴스』 2008. 9. 29.

학자 시절의 부동산 소신을 유지하길

_ 정운찬

수능시험에도 나올 만한 문제를 하나 내보자.

[지문] 자유시장경제 원리는 19세기 말에 왈라스L. Walras가 창안한 '일반균형이론'이라는 정교한 분석틀을 가지고 있다. (…) 자유시장경제 제도에서 소유권은 근본적으로 노동과 자본을 중심으로 성립된다. 왈라스의 표현을 직접 빌리자면 "인류는 토지를 영구적으로 소유하지만 현 세대는 다만 토지의 사용자일 따름이다". 그에 따르면 회소한 토지는 당세대에서만 임대료를 지불하고 사용하되, 사용 후에는 모두 국가에 반납해야 한다. 이런 의미에서 토지공개념은 자유시장경제 제도와 배타적이기보다는 오히려 왈라스가 설정한 자유시장경제 제도의 전제조건이라

고 생각된다.

[문제] 이명박 정부의 부동산정책은 왈라스의 자유시장경제 원리와 조화되는가?

이 문제에 대한 답은 당연히 '조화되지 않는다'이다. 그러나 자유시장경제에 관한 왈라스의 사상에 동의하지 않는 사람이라면 현 정부의 부동산정책에 대해 다른 평가를 할 수도 있다. 그렇다면 총리지명자 정운찬 씨는 어떨까?

정 지명자의 평가는 스스로 쓴 글에 나와 있다. 위의 지문은 그의 칼럼집 『한국경제 아직 늦지 않았다』에서 인용한 것인데, "토지소유가 자기 노동에 기초한 대가의 획득이기보다는 불로소득의 원천인 우리나라의 현실에서는 더더욱 그렇다"고 적고 있다. 즉 정 지명자는 토지공개념에 역행하는 이명박 정부의 부동산정책은 자유시장경제의 전제조건을 부정하는 것으로 평가한다.

그렇다면 정 지명자가 총리로 재임하면서 현 정부의 부동산정책을 되돌릴 것인가? 아마도 대부분 국민은 '그렇게 못할 것'이라고 답할 것이다. 그 이유는? 첫째로, 정 지명자가 아무리 뛰어난 경제학자이고 교육자라고 해도 이명박 대통령을 설득해내지 못할 것이기 때문이다. 이 대통령은 부동산으로 상당한 재산을 일구면서 살아왔다는 것은 잘 알려진 사실이다.

둘째로, 대통령 옆에는 부동산정책을 후퇴시킨 강만수 전 재정경제부 장관이 경제특보로 버티고 있기 때문이다. 청와대 내에 경제특보와 같은 참모를 두는 목적은 총리 이하 각 부처의 정책을 대통령을 위해 걸러내는 데 있다. 그러니까 정 총리가 진정한 자유시장경제를 하기 위해 부동산정책을 수정하려고 해도 특보가 제동을 걸고 나설 것이다.

셋째로, 한나라당과 수구언론과 정부 내 '건설족'이 가만있지 않을 것이기 때문이다. 이건 너무나 뻔한 이야기니까 더 언급하지 않겠다.

마지막으로, 정 지명자 자신이 진심으로 왈라스의 사상에 동조하는지 잘 모르기 때문이다. 강만수 경제특보도 한때 토지공개념에 깊이 공감하는 다음과 같은 칼럼을 쓴 적이 있다.

> 땅과 물과 공기는 조물주가 창조해 우리에게 값 없이 주신 것인데 물과 공기는 마음대로 쓸 수 있으면서 [왜] 땅만은 가는 곳마다 임자가 정해져 있을까. 땅 때문에 인간을 죽고 죽이며 얼마나 많은 전쟁을 치러야 했고 얼마나 많은 불평등의 속박과 고통 속에서 살아야 했으며 얼마나 많은 한을 삭이며 한숨을 쉬어야 했던가. 요지의 땅 몇백 평을 물려받은 사람은 자손대대로 걱정 없이 잘사는데 땅 한 평 물려받지 못한 사람은 평생 일하고도 변변한 집 한 채 마련 못하는 실정이다.
>
> —『중앙일보』1997. 3. 5

강만수 경제특보는 이 칼럼에서 토지공개념의 원조 헨리 조지를 언급하기까지 하였다. 이런 선례로 볼 때 혹 정 지명자도 '칼럼은 칼럼이고 정책은 정책'이라고 발뺌할 수 있다. 지켜볼 일이다.

『한겨레』2009. 9. 15.

양도세가 징벌적? 그럼 소득세는 약탈적이다

_ 박재완

이명박 정부의 부동산 사랑은 각별하다. 다주택자의 양도소득세(이하 '양도세')를 무겁게 매기도록 되어 있는 세법을 2년간 더 적용하지 않기로 하였다고 한다. 이미 2009년부터 내년까지 한시적으로 적용해온 조치를 더 연장하겠다는 것이다. 그동안 중과세를 아예 폐지하려고 시도해왔지만 '부자 편들기'라는 따가운 눈총 때문인지 다소간 후퇴하였다.

부동산을 사고팔아서 남긴 이익을 일반 소득과 분리해서 과세하는 것은 당연히 더 무겁게 과세하기 위해서다. 선량한 땀이 배이지 않는 소득이기 때문이다. 그런데 이명박 정부는 양도세 기본세율을 종합소득세율과 같도록 낮추었을 뿐 아니라 다주택 중과세마저 무력화하고 있다. 그러면 양도세는 사실상 폐지된다.

양도세가 징벌적이면 소득세는 약탈적

정부도 다주택자 양도세를 무력화하려니까 명분 찾기가 매우 궁색했던 모양이다. 그래서인지 박재완 기획재정부 장관은 다주택자에 대해 양도세를 무겁게 매기는 것은 '징벌적 과세'라고 비난하였다. 지난달 11일 방송기자클럽 토론회에서 나온 말인데 전에도 여러 차례 이런 표현을 사용하였다고 하니 말 실수는 아닌 것 같다.

박 장관은 "집을 여러 채 소유하는 게 무슨 잘못이라고 양도세를 무겁게 매기나?"라고 생각하는 모양이다. 그렇다면 박 장관에게 묻고 싶다. 근로소득에는 왜 세금을 매기나? 그건 '징벌적'이 아닌가? 아무런 생산적인 노력 없이 집을 단순히 사고팔아서 얻는 '양도소득'과 노력과 기여의 대가로 얻는 '근로소득' 중 어느 쪽에 매기는 세금이 더 징벌적인가? 당연히 소득세 쪽이다. 양도세가 징벌적이라면 소득세는 가히 약탈적이다.

소득에는 노력소득과 불로소득이 있다. 조세의 징벌적인 성격을 줄이려면 당연히 불로소득에 먼저 과세하고 그걸로 부족할 경우에 한하여 노력소득에 과세해야 한다. 부동산, 특히 인공물이 아닌 토지에서 생기는 소득은 특권적 불로소득이다. 이걸 해소하는 최선의 수단은 토지보유세이며 토지보유세를 강화하면 양도소득 자체가 줄어든다는 사실은 교과서에 다 나오는 진리이다. 그러나 토지보유세가 낮은 현실에서는 양도세라도 무겁게 과세해야 한다. 세율은 물론 100%가 이상적이다. 그래야 더 징벌적인 또는 약탈적인 조세를 줄일 수 있다.

전세난 해결에 도움이 된다고?

양도세 무력화의 명분을 찾기가 어려워서인지, 정부는 현실적인 이유를 내세우기도 한다. 전세난을 해소하는 데 도움이 된다는 것이다. 양도세 부담을 덜어주면 실수요자가 전세보다 매입을 선호하게 될 것이고 또 다주택 소유자가 늘어나서 남는 집을 전세로 내놓을 것이므로, 전세 수요는 줄고 공급은 늘어난다는 게 정부의 주장이다.

그러나 양도세를 깎아준다고 해서 매입 수요가 늘어날지는 의문이다. 2009년부터 지금껏 다주택 중과세를 유예해왔지만 정부가 기대한 효과는 나타나지 않았다. 다주택 소유를 촉진해서 전세난을 해소하겠다는 생각도 부자 편들기일 뿐 상식 밖의 발상이다. 또 여러 가지 수단을 동원해서 부동산 경기를 살린다고 해도 문제다. 그럴 경우에는 부동산 과열과 침체가 번갈아 나타나게 되고, 침체기에는 전세난이 재발한다.

당연히 징수해야 할 세금을 감면하면 정부가 보조금을 주는 셈이다. 이왕 보조금을 준다면 주택 소유자보다는 집을 구하는 무주택자에게 주어야 한다. 하나의 방안을 제시하자면, 무주택자에게 전세금과 매입가의 차이만큼 무이자 내지 저이자로 빌려주면 된다. 매입 수요가 늘고 전세 수요가 줄어 미분양 사태와 전세난을 동시에 해결할 수 있고 자가 소유율도 높아진다. 이명박 정부가 지향한다고 주장하는 '공정사회'를 위해서도 꼭 필요하다.

1가구 1주택 양도세 면제도 옳지 않다

1가구 1주택 양도세에 대해서도 오해가 많다. 집이 한 채밖에 없는 사람이 양도세를 내고 나면 같은 집을 새로 매입할 수 없기 때문에, 1가구 1주택에 대해서는 양도세를 면제하는 게 옳다고들 생각하고 세제 역시 그렇게 되어 있다. 그러나 1가구 1주택이라고 해서 불로소득을 징수하지 않는다면 그 대신 약탈적 조세를 더 징수해야 한다는 딜레마에 빠진다.

조금만 생각해보면 딜레마를 벗어나는 방법이 있다. 집을 팔고 새로 살 경우에는 양도세액 만큼을 무이자로(또는 저이자로) 빌려주면 된다(양도세를 부과만 하고 징수를 유예해도 된다). 그러면 양도세 때문에 집을 축소할 필요가 없다. 다른 집을 새로 매입하지 않거나 소유하던 집을 상속·증여할 때 빌려준 돈을 회수하면 불로소득도 막을 수 있다.

이명박 정부는 부자 편에 서 있고 특히 부동산에 대해서는 이상할 정도로 집착하기 때문에, 양도세 무력화는 정부 의도대로 실현될 것이라고 예상하는 국민이 많을 것이다. 그러나 이번만이라도 예상이 적중하지 않았으면 좋겠다. 앞으로 거쳐야 하는 당정협의에 기대를 걸어보고 싶다. 홍준표 한나라당 대표는 부동산투기에 상당히 부정적인 것으로 알려져 있고 새로 선출된 최고위원이나 원내 대표도 전과는 좀 달라 브이기 때문이다. (순진한 소리 하지 말고 소나 키우라고요?)

『평화뉴스』 2011. 8. 15.

예수는 좌파

_ 서경석

최근 개신교계의 상당수 인사들이 좌파 혐오증을 보여주고 있다. 필자가 한때 호감을 가졌던 김진홍 목사와 서경석 목사도 그렇고, 어떤 분은 촛불집회의 배후에 친북좌파가 있다고 색깔론을 펴면서 '사탄'이라는 표현까지 썼다. 그런데 기독교가 좌파를 적으로 생각하는 것은 좀 이상하다. 우선 오해를 피하기 위해, 필자는 특정 종교의 신자가 아니라는 사실을 밝혀둔다.

기독교계가 좌파의 '현실'을 못마땅하게 보는 것은 이해한다. 역사적으로 여러 나라의 좌파정권이 종교를 탄압했고 무자비한 방법으로 권력을 유지한 사례가 많았기 때문이다. 그러나 그렇다고 해서 기독교계가 좌파의 '본질'을 혐오하고 스스로를 우파로 자리매김하는 것은 이해하기 어럽다.

우리나라에서는 북한의 입장을 이해하려는 쪽을 좌파, 미국에 가까워지려는 쪽을 우파라고 하기도 하지만 이건 본질이 아니다. 평등을, 구체적으로는 복지와 분배를 지향하면 좌파로 분류하고 자유를, 구체적으로는 시장과 성장을 지향하면 우파로 분류하는 게 본질에 가깝다. (필자는 두 가치가 배타적이 아니라고 보고 양자를 통합하는 '평등한 자유', '시장친화적 복지', '정당한 분배를 통한 성장'을 추구하지만, 우리 사회의 다수는 단순 이분법을 채택하는 것으로 보인다.)

그렇다면 기독교의 지향은 어느 쪽일까? 종교와 무관한 사람도 아는 유명한 몇 구절을 「마태복음」에서 인용해보자.

> 이웃을 네 자신과 같이 사랑하라. (마태복음 22:39)
> 오른편 뺨을 치면 왼편도 돌려 대라. (마태복음 5:39)
> 일곱 번씩 일흔 번이라도 용서하라. (마태복음 18:22)

또 예수는 스스로 대가 없는 사랑을 실천하였고 특히 세리, 창녀, 죄인 등 사회적 약자와 함께 먹고 마시기를 즐겨하였다. 제자마저도 대부분 평범한 무학자였다. 내 것 네 것이 따로 없는 공동체 생활을 하였다.

이와 같은 예수의 언행은, 인간의 이기심을 긍정하면서 냉정하게 대가를 주고받는 시장, 그런 시장을 통해 달성하려는 경제성장과는 한참 거리가 있다. 예수는 단순한 좌파도 아니고 수준 높은 극좌파로 보인다. 그렇다면, 좌파를 혐오하는 일부 기독교계 인사를 어떻게 이해할 수 있을까?

　김진홍 목사는 젊어서 빈민운동을 했고 토지공개념을 적극 지지했던 분이다. 그런 분이 갑자기(?) 뉴라이트 전국연합 상임의장을 맡더니 대선 과정에서부터 이명박 씨를 전폭 지지해왔다. 뉴라이트 운동의 취지문을 보아도, 김 목사가 연재하는 '아침 묵상'에서 밝힌 이명박 씨 지지 이유를 보아도, 기독교의 지향과 무관하고 김 목사의 지난 인생과도 어울리지 않아 보인다.

　서경석 목사는 1980년대 후반, 경실련 창립에 주도적 역할을 해서 우리 사회에 신선한 바람을 일으켰던 분이다. 당시 서 목사의 지향은, 비교적 온건하기는 했지만 기성질서에 비하면 분명히 좌파였다. 그래서 지금의 서 목사는 '변절'했다는 비판을 받기도 한다. 이에 대해 자신이 해명한 글을 보니, 좌파가 맥아더 동상을 철거하려고 했기 때문이라고 한다. 이해가 되지 않는다. 맥아더 동상 철거에 대한 판단은 사람마다 다를 수 있겠지만, 현실의 좌파 중에 그런 사람이 있다는 것이 현실의 우파로 '변절'할 이유가 될까?

　진정한 기독교인이라면 미숙하고 과격한 좌파마저도 길 잃은 어린 양을 보듯 긍휼히 여겨야 한다. 뿐만 아니라 현실의 우파에도 별 사람, 별 일이 다 있지 않은가? 예를 들어 우파의 핵심인물인 부시 미국 대통령이 이라크에서 명분 없는 전쟁을 일으켜 수만 명이 사망했는데, 이것은 서 목사가 다시 좌파로 '변절'할 이유가 되지 않나?

　손 안에 든 것을 내놓을 마음이 없는 기득권층에게는 나눔을 지향하는 좌파가 눈엣가시와 같다. 기득권층이 아닌 사람도 고정관념 때문에 새로운 질서를 수용하지 못한다. 그래서 예수도, 지킬 것이 많은 기득권층과 고정관념에 사로잡힌 보통 사람에 의해 처형된 것으로 보인다. 좌파를 혐오하면서 우파를 자처하는 일부 기독교 지도자들은, 혹시라도 자신도 모르게 예수를 다시 처형하는 데 가담하는 것은 아닌지 돌아보았으면 좋겠다.

『공동선』 2008년 9-10월호

문제는 토지사유제야, 이 바보들아*

_ 김헌동

개발 5적

책의 제목도 자극적이고 지은이도 특출한 분들이라, 글을 시작하면서 제목부터 언급할까 아니면 지은이부터 언급할까 하고 망설이면서 시간을 끌었다. 그런데 문득, 원고지에다 글을 쓴다면 모를까 요즘 같은 컴퓨터 세상에 별 쓸데없는 걱정을 하고 있다는 걸 '깨달았다'. 마음에 안 들면 나중에 '오려두기-붙이기'를 하면 되니까. (비웃는 소리가 들린다. "큰 깨달음이네!")

---

* 이 글은 김태동·김헌동, 『문제는 부동산이야, 이 바보들아』(궁리, 2007)에 대한 서평입니다.

　　　　　　　　　　　　　1부 멀어도 바른 길로—실명 논평

이처럼 실은 간단한데도 불구하고 사람이 깨달아야만 알게 되는 진실이 적지 않다. 이 글에서도 결론으로, 이런 간단한 진리, 누구나 알고는 있지만 늘 핵심을 비껴가는 진리, 그래서 시각을 바꾸어야만 동의하게 되는 진리에 대해 이야기해보려고 한다.

고민을 접고 일단 제목부터 언급하자. 이 책의 제목은 "문제는 부동산이야, 이 바보들아"다. 바보라는 표현도 예사롭지 않고 더구나 누가 바보라는 건지도 궁금하다. 혹 나도 바보 축에 끼는 것은 아닐까? 지은이가 친절하게 이 의문에 답을 주고 있다. 제목은, 미국 클린턴 대통령이 선거 유세 과정에서 "It's the economy, stupid"라고 한 데서 힌트를 얻었다고 한다.

그럼 누가 바보라는 걸까? "노무현 대통령과 그를 모시는 사람들"로서 "지금 이 순간에도 밑 빠진 독에 물 붓는 행동보다 더 어리석은 정책을 수립해서 집행하는 자"라고 한다. 일단 다행이다. 독자 여러분은 바보에서 빠졌고 필자도 빠졌다.

그런데 이 책에서 더 강하게 비판하는 대상은 바보가 아니라 '개발 5적'이다. "흉기[戈]를 들고 재물[貝]을 빼앗는 자인 적賊은 바보가 아니라 도둑"이라고 몰아붙인다. 그렇다면 개발 5적은 누구인지 궁금해진다. 핵심에는 '개발업자와 재벌'이 있고 주변에 4적이 유착관계를 형성하고 있다. 주변의 적으로는 우선 '관료집단'이 있다. 업자의 특혜구조를 방치하고 퇴임 이후를 보장받는다. '정치권'이 있다. 개발에 협조하고 정치자금을 마련한다. '일부 언론'이 있다. 홍보성 기사와 광고를 주고받는다. 끝으로 '일부 학자와 전문가'가 있다. 개발논리를 제공하고 연구용역을 얻는다. 참 그럴듯한 분석이다. 필자는 학자집단에 속하지만 개발논리를 제공한 적도 없고 연구용역을 얻은 적도 없으니 개발 5적 역시 면하는 것 같다.

지나는 길에 하나. 오세훈 서울시장은 정치인이지만 개발 5적이 아니라 '모범적인 동맹군'으로 분류되어 있다. 반면 이명박 전 시장은 개발 5적으로 보는 듯하다. 이명박 씨가 시장으로 재직할 때 서울시가 대형 건설공사를 높은 가격으로 발주하였다는 사실 등 부정적인 사례가 소개되어 있다(186쪽).

5적 이야기가 나왔으니 자연스럽게 지은이에 대해 말할 때가 되었다. 지은이 중의 한 사람인 김태동 교수가 김지하 시인의 유명한 담시 「오적」을 본따 「신오적」을 발표한 적이 있기 때문이다. 1970년 「오적」이 발표되자 큰 파장을 일으키면서 작가와 편집인이 국가보안법 위반으로 구속되었고 발표지인 월간 『사상계』도 폐간되고 말았다. 이 작품은 재벌, 국회의원, 고급공무원, 장성, 장·차관의 부정부패와 초호화판의 방탕한 생활을 통렬하게 풍자하여, 독재자 박정희 치하에서 숨죽이고 살던 국민의 마음을 시원하게 해준 바 있다. 김태동 교수의 「신오적」도 큰 반향을 일으키며 독자의 마음을 시원하게 해주었다.

김태동 교수는 88올림픽 전후해서 극심한 부동산투기 바람이 불었을 때 토지공개념 쪽의 중요한 이론가 겸 투사였으며 이근식 교수와 함께 『땅, 투기의 대상인가 삶의 터전인가』를 써서 많은 영향을 주기도 했다.

지은이 중 또 한 분은 김헌동 본부장이다. 김태동 교수의 여덟 살 터울의 동생이다. 본부장이라는 호칭을 붙이는 것은 그가 경실련 '아파트값 거품빼기 운동본부'를 책임지면서 많이 알려졌기 때문이다. 날카로운 비판, 시원시원한 말솜씨로 팬을 많이 두고 있다. 『대한민국은 부동산공화국이다?』(공저)라는 저서도 있다. 건설 계통에서 근무했기 때문에 업계 사정에 정통하다. 이론에 밝은 형과, 현실을 아는 동생이 힘을 합쳤고 또 둘다 사회정의에 대한 투철한 신념을 가지고 있으니 좋은 작품이 안 나올 수 없다.

지은이에 대해 한 가지만 덧붙이자면, 병자호란 때 강화도가 함락되자 자결한 김상용, 남한산성의 척화파로 유명한 김상헌도 형제였고, 지은이는 이분들의 후손이라는 점이다. 조상의 기개와 충절이 기질적으로 전해 내려온 것일까, 아니면 훌륭한 조상을 귀감 삼아 지은이 형제가 노력한 것일까? 어느 쪽이든 나라를 위해서는 좋은 일이다.

부동산 병과 토지불로소득

자 이제, 지은이 형제가 제시하는 부동산 문제의 해법을 살펴보자. '바보들'이 무슨 바보짓을 했는지를 형제는 이렇게 요약한다.

민간에서 토지를 공권력으로 수용한 뒤, 그 땅을 다시 민간 건설업자에게 팔아, 결국 막대한 개발이익이 건설업자와 최초 분양자에게 가도록 하는 것은 어리석고 잘못된 일이다. 더구나 집값을 안정시키기 위해 신도시를 건설한다고 해놓고, 판교에서처럼 고분양가로 주변 주택가격을 수십조 원 올리고, 서울과 수도권의 부동산 시가총액을 수백조 원 높인 부작용이 눈에 안 보이느냐. 신도시는 100% 공영개발해야 하며, 민간 건설업체는 시공만 해야지 그들에게 토지를 팔아서는 안 되는 줄을 모르느냐. 그리고 지은 아파트는 장기로 전세임대하라. 또 싱가포르 식으로 토지는 임대하고 건물만 환매조건부로 매매하라. 그렇게 해야 '밑 빠진 독에 새집 붓기'가 중단되는 줄을 왜 아직도 모르느냐.(373쪽)

위와 같은 동생의 성토에 형도 하나를 더 붙인다.

환율 내려가는 것을 막아보겠다고 100조 원 이상을 투입하여 정부와 한국은행이 외환을 샀는데, 환율방어에는 실패하고, 통화안정채권 등 유동성이 급증하여 이것이 부동산 폭등의 불쏘시개 역할을 하였다. 자본 이동이 자유로운 시장경제에서 환율과 금리를 동시에 통제할 수는 없는데, 불가능의 삼각관계라는 제약조건이 있다는 것을 정부가 알기나 하는 것인가? 언제까지 대기업을 위해서 외환시장에 개입하고, 중앙은행 기능을 약화시키며, 부동산 거품을 키울 것인가? 어서 정신 차려 '밑 빠진 독에 돈 붓기'를 당장 중단하라.(374쪽)

또 '바보들'이 민간 아파트에까지 분양가상한제를 도입한 것을 자랑삼을지 모른다며 형제는 이렇게 일침을 가한다.

평당 400만 원이면 될 것을 550~600만 원으로 건축비를 부풀리는 것을 공인하면서 분양가상한제 운운하는 것은 사기행위요. 원가 공개도 마찬

가지요. 토지비용은 감정가로 부풀리고, 건축비도 부풀리고, 그렇게 이
중으로 뺑튀기한 것을 공개한다는 것은 폭리를 숨긴 거짓 공개이지 진
실된 공개가 아니지 않소. 이런 것은 우리 형제뿐만 아니라 건설업자들
스스로가 더 잘 안다오. 우리는 서울시처럼 신뢰 가능한 원가 공개를 원
하오.(374쪽)

이밖에도 임대소득 철저 과세, 종부세 대상 확대 및 세율 강화, DTI
(소득 대비 부채상환액) 비율의 엄격 적용, 공시지가 외 엉터리 통계 정비 등도
요구한다. 형제의 진단은 분명하고 처방도 확실하다.

건설회사의 폭리를 보장하는 그 냄새나는 유착구조를 깨야 한다. 정
부가 쓸데없이 개입하여 유동성을 높여서도 안 된다. 분양가상한제를 하
려면 제대로 해야 한다. 거품에 대한 세금을 높여라. 또 (위 인용문에는
없지만) 신규 아파트는 후분양제로 공급해야 하고, 선분양을 하려면 확실
한 원가 공개라도 해야 한다. 어느 것 하나 버릴 말이 없다. 형제는 용감
할 뿐 아니라 최근의 부동산 병을 고칠 수 있는 명의에 틀림없다.

그러나 필자로서는 아쉬운 마음이 있다. 형제의 진단과 처방은 2000년
이후 강남권 아파트 가격 폭등에서 비롯된 부동산 사태를 해결하는 데는
분명히 효과가 있다. 그러나 그걸로 부동산 병이 근본적으로 치유되는 걸
까? 형제는 신규분양의 경우에 초점을 맞추고 있는데 그렇다면 신규분양
주택보다 훨씬 중요한 기존의 부동산, 특히 일반 토지의 경우에 대해서는
어떻게 할 것인가?

형제의 주장 중에서 5적을 소탕하여야 한다는 말은 백번 옳다. 기업

을 중심으로 하여 정·관계 그리고 언론 및 전문가로 연결되는 유착관계는 부동산 문제만이 아니라 사회 전반의 병원균이 된다. 그러나 유착관계는 부동산 문제만의 원인이 되는 것은 아니다. 유착관계가 없는 사회에서는 부동산투기가 안 생길 것인가? 생긴다. 왜? 부동산 불로소득의 사유화가 인정되는 한 투기는 일어나기 마련이기 때문이다. 유착관계는 투기를 증폭시키는 원인이기는 하지만 발생시키는 원인은 아니다.

병을 고치는 치료법에는 대증요법에서 원인요법까지 다양하다. 원인요법도 그 병에만 듣는 원인요법이 있고 아예 체력을 기르고 피로가 겹치지 않도록 조심하여 무슨 병이든 걸리지 않게 하는 근본적인 요법도 있다. 필자가 한동안 발의 습진이 낫질 않아 고생한 적이 있는데, 누군가 이렇게 말해주었다. 발에 습진이 있으면 발만 관리하는 게 보통이지만, 실은 내장을 포함한 전신을 건강하게 해야 근본 치료가 된다고. 피부과 의사는 어떻게 생각할지 모르지만 이 말에는 진리가 들어있지 않을까? 퇴비로 땅을 건강하게 만들면 식물이 튼튼하게 자라기 때문에 농약을 안 써도 된다는 유기농의 진리와 다를 바 없다. 그렇다면 부동산 병의 근본 치료법은 무엇인가?

부동산 문제를 발생시키는 원인은 불로소득이다. 불로소득이 없으면 투기도 없고 가수요로 인한 쏠림 현상도 없다. 그리고 부동산 불로소득은 거의 토지에서 생긴다. 건물은 일단 지은 후에는 시간이 지나면서 낡고 가치가 떨어지기 때문에, 특수한 경우가 아니면 불로소득이 발생하지 않고 따라서 투기의 대상도 안 된다. 따라서 토지불로소득을 완전히 없애면 부동산 문제가 근본적으로 해결된다. 이에 비추어 보면 형제의 처방은 두 가지 점이 문제다. 하나는 토지와 건물을 구분하지 않는다는 점이다. 앞에서도 소개했듯이 김태동 교수가 1989년에 부동산투기 광풍 속에서 쓴 책 『땅, 투기의 대상인가 삶의 터전인가』에는 토지에 초점을 맞추었는데 이번에는 그렇게 하지 않았다. 또 하나는 불로소득을 '완전히' 없애는 데까지는 못 미친다는 점이다.

'평등한 자유'와 국토보유세

이제 토지에 초점을 맞추어 근본 치료법을 좀 더 구체적으로 생각해보자. '근본' 치료법을 찾는 만큼, 누구나 동의할 수밖에 없는 원리에서 출발한다. "한 사람의 자유는 다른 사람의 자유를 침해하지 않는 범위 내에서 인정된다"는 원리, 즉 '평등한 자유의 원리'에 동의하지 않는 사람은 없을 것이다. 너무나 상식적이기 때문에 같은 내용의 다른 표현이 많다. 역지사지易地思之, 기회균등, 네가 싫은 일은 남에게 하지 말라, 살인하지 말라, 도적질하지 말라…… 이 원리는 더 이상 증명이 필요없는 근본 원리라는 점에서 평등한 자유의 '공리'公理라고 할 수 있다.

평등한 자유의 공리로부터 생산자 소유의 원칙이 도출된다. 생산자가 자신의 생산물을 소유하지 못한다면 결국 비생산자인 누군가가 소유하게 되는데, 이런 제도는 노예제도처럼 평등한 자유에 어긋나기 때문이다. 또 평등한 자유의 공리와 생산자 소유의 원칙에 동의하면, 교환에 의한 소유의 원칙에도 동의할 수밖에 없다. 생산자가 자발적 합의에 의해 각자의 정당한 소유물을 교환할 경우 타인의 생산물이라고 해도 소유할 수 있어야 한다는 것이다.

그런데 이런 소유 원칙으로는 토지, 천연자원, 환경 등과 같은 자연물에 대한 소유를 인정할 수 없다. 사람이 생산한 것이 아니기 때문이다. 그러므로 자연물에 대해서는 생산물과는 다른 특별한 배려를 해야 한다.

토지를 모든 국민이 공동으로 사용하는 것도 평등한 자유를 보장하는 한 방법이 된다. 그러나 토지는 그 특성상 단독사용이 더 적절한 경우가 있다. 예를 들어, 주택과 같은 사적인 생활공간을 여러 가족이 공동으로 사용하기는 어렵다. 생산용 토지도 공동으로 사용하기보다 단독으로 사용할 경우에 생산성이 훨씬 높아질 수 있다. 이런 이유로 인해 사회가 토지의 단독사용을 인정하기로 한다면, 평등한 자유를 보장하기 위해서 특수한 조건이 필요하게 된다.

특수 조건 중 부동산투기와 관련된 것만 보자. 부동산은 인공人工이 가미되지 않은 토지와 건물 등 개량물로 구성되는데, 개량물은 당연히 개량한 사람의 것이지만 토지는 누구의 것도 아니다. 다만 사회적인 필요에 따라 토지를 특정인이 차지하는 제도를 두려면 그 토지에서 다른 사람을 배제하는 대가를 사회에 지불하도록 해야 평등한 자유에 부합한다는 것이다. 대가를 징수하지 않는다면 평등한 자유는 무너지고, 모두의 것을 그 특정인이 도둑질하는 것과 같게 된다.

특정 토지에서 타인을 배제하는 대가는 곧 그 토지의 지대地代로 표시된다. 지대란 토지의 임대가치를 말한다. 그러므로 모든 토지에서 지대를 징수하면 된다. 이런 세금을 '지대세'라고 부른다. 이렇게만 하면 부동산투기를 할 사람이 없다. 건물에서는 불로소득이 안 생기는 데다가 단순히 토지를 보유 및 매매하는 것만으로는 아무런 이익이 생기지 않기 때문이다.

지대세가 이상적이기는 하지만 이미 토지의 사유私有가 보편화된 이 시점에 갑자기 도입하면 사회에 큰 충격을 줄 수 있다. 지가地價가 거의 0으로 하락하기 때문이다. 이런 문제를 막으려면 지대에서 매입지가에 대한 이자를 공제하고 나머지만 징수하면 된다. 이렇게 하면 지가는 매입지가 수준에서 일정하게 유지되며 토지소유자는 매입지가와 그 이자를 보장받는다. 이런 '이자공제형 지대세' 또는 '지대이자차액세'를 필자는 '국토보유세'라고 부르기도 한다. 이렇게만 해도, 지대가 상승함에 따라 지대 환수율이 계속 높아지기 때문에 장기적으로는 지대세와 다름없게 된다.

한 가지만 더 언급하려고 한다. 이 책에서는, 신도시를 공영개발하여 싱가포르식으로 토지는 임대하고 건물만 환매조건부로 분양하는 주택정책을 추천하고 있다. 신도시와 같은 대규모 택지를 공영개발하고 토지를 임대하자는 주장에는 찬성이다. 그런데 환매조건부로 분양하는 것은 어떨까? 환매조건을 붙이는 이유는, 주택 분양자가 불로소득을 얻지 못하게 하기 위해서다. 그러나 토지를 임대하여 지대를 다 환수하고, 건물도 시세대로 분양한다면 불로소득이 안 생기기 때문에 환매조건부 등 전매 제한은 일체 필요없다.

이 책에서 지적하듯이 주택 공급가격에 잔뜩 끼어 있는 거품을 건설사 등 5적이 나눠먹는 구조에서는 당연히 거품이 빠져야 하고 그만큼 공급가격도 낮아져야 한다. 그런데 거품이 없다고 하면 공급가격을 어떻게 책정하는 게 좋을까? 원가 기준과 시세 기준의 두 방식이 있을 텐데, 필자는 시세 기준이 옳다고 본다. 다만, 시장을 통해서는 주거를 마련하기 어려운 계층을 위해 복지적 관점에서 원가 기준으로(때로는 그 이하로도) 공급가격을 책정하고 그럴 경우에 한하여 환매조건을 붙이는 게 옳다.

할인 공급은 어디까지나 예외로 해야 한다. 공영개발한 주택을 부유층까지 포함해서 할인 가격에 공급한다는 것은 넌센스가 아닐까? "공짜 점심은 없다"는 밀턴 프리드먼의 말처럼 공급가격과 시세의 차액은 결과적으로 국민이 주택 분양자에게 주는 보조금과 같으므로, 서민주택 등 보조금 지급이 꼭 필요한 경우에만 할인 공급이 정당화된다.

우리가 찾는 파랑새는 멀리 있지 않다. 맑은 양심과 소박한 상식을 갖춘 사람에게는 바로 눈앞에 있다. 국토는 누가 생산한 것이 아니라 하늘이 국민 모두에게 베풀어준 삶의 터전이다. 국민은 대한민국이라는 공동체로부터 토지를 빌려 쓸 뿐이므로 국가에 임차료를 납부해야 한다는 것이다. 지대세 또는 국토보유세가 바로 파랑새다. 그렇게 하면 토지불로소득이 생기지 않으므로 투기도 없고, 따라서 부동산투기를 막기 위해 고안된 잡다한 장치가 다 필요없다. 정의롭기도 하지만, 경제에 짐을 지우는 다른 세금을 감면할 수 있어 경제 전반에 도움이 된다.

토지사유제는 부도덕하고 비극적인 제도

이 글의 시작 부분에서 필자는, 이렇게 썼다. "세상에는 실은 간단한데도 불구하고 사람이 깨달아야만 알게 되는 진실이 적지 않다. 이 글에서도 결론으로, 이런 간단한 진리, 누구나 알고는 있지만 늘 핵심을 비켜가는 진리, 그래서 시각을 바꾸어야만 동의하게 되는 진리에 대해서 이야기해 보려고 한다"고. 지금까지 필자는 부동산 병의 근본 치료법을 도출하면서 '평등한 자유 → 토지 공유 → 지대 징수'와 같은 상식적인 이야기를 하였다. 필자는 이를 '지공주의'地公主義라고 부른다. 지공주의는 간단하지만, 숨은 그림 찾기처럼 시각을 바꾸어야 보이는 진리다.

지공주의가 제대로 실천되지 않는 이유는 무엇인가? 알고는 있으면서도 늘 핵심을 비켜가기 때문이다. 왜 알고는 있지만 핵심을 비켜갈까? 그건 관습, 고정관념, 이해관계 때문이다. 사회제도는 어떻게든 일단 형성이 되면 이해관계가 발생한다. 덕을 보는 계층이 사회의 상류층이면 그 제도가 지속되면서 관습과 고정관념을 만들어낸다. 그로 인해 제도는 더욱 공고하게 유지된다. 이런 제도를 개혁하려는 시도는 사회적 박해를 받는다. 제도로 인해 피해를 보는 계층마저 고정관념에 가려 그 사실을 제대로 보지 못할 뿐 아니라 심지어, 언젠가 자신도 제도에 편승하여 이득을 보겠다고 생각하면서 제도개혁에 반대하기도 한다. 핵심을 제대로 보고 개혁을 원하는 사람마저도 부분적·방편적인 개선안을 내는 데 그치고 만다. 지은이 형제는 이 마지막 범주에 속하지 않을까?

환경문제에서는 환경을 더럽히는 자가 오염부담금 등 대가를 사회에 납부해야 한다는 원리가 쉽게 수용된다. 환경은 사유화되어 있지 않아 기득권자가 따로 없기 때문이다. 그러나 인간의 생산물이 아니고 우리 모두에게 주어진 것이라는 점에서 환경과 전혀 차이가 없는데도 불구하고, 토지는 이미 사유화되어 강력한 이해관계를 형성하고 있기 때문에 개혁이 쉽지 않다. 지금과 같은 토지사유제는 잘못 태어난 부도덕하고 비극적인 제도다. 지금이라도 평등한 자유에 부합하는 토지제도로 되돌아가야 한다. 사회에 충격을 주지 않고 현 토지소유자에게 반대의 명분을 주지 않으면서 당장 효과가 나는 '국토보유세'부터 도입하면 된다.

　문제는 '토지사유제'야, 이 바보들아!

『녹색평론』 2007년 9-10월호(통권 제96호)

멀리 가려면 같이 가야 합니다

_ 조 국

조국 교수님. 『진보집권플랜』 잘 읽었습니다. 진보라고 하면 흔히들 성난 얼굴, 질끈 동여맨 붉은 머리띠를 연상하는 우리나라에서 조국 교수님과 같은 멋진 분이 차분하지만 확신에 찬 목소리로 진보를 말하니 상당한 호소력이 있습니다. 이정희 의원에게 호감을 가지는 사람이 많기 때문에 민주노동당에 대해 반감 내지 비호감을 가졌던 사람들도 조금씩 변화하듯이 말입니다.

민주와 인권을 무시하는 이명박 정부 치하에서 살고 있는 지금 이곳에서는 탈이명박이 절실합니다. 그래서, 보수를 자칭하는 현 집권세력을 대체하려면 자연스럽게 대칭 개념인 진보의 집권을 말하게 됩니다. 그러나 『진보집권플랜』에서 조국 교수님이 제시한 대안의 대부분은 실은 보수가 채택한다고 해도 하등 이상할 게 없는 대안입니다. 이상하게 들릴지 모르지만, 책에 거론되는 진보 쪽의 사람 이름만 빼면 진보집권플랜이 곧 보수집권플랜이기도 하다는 겁니다.

집권세력과 수구언론은 걸핏하면 좌파를 '좌빨'이라고 부르기도 하고 북한에 동조하는 '이적'세력을 진보, 그렇지 않은 '애국'세력을 보수라고 하기도 합니다. (우리나라에 북한 동조세력이 있나요? 있다면 공안 당국은 무얼 하나요?) 그러나 이건 어느 시대에나 있는 대외 강경론—온건론의 구분일 뿐입니다. 현재 진보와 보수 간에 색깔론과 무관한 차이점이 있다면 복지정책입니다.

『진보집권플랜』의 키워드는 '사회임금'

그렇다면 『진보집권플랜』에 나오는 진보 키워드는 '사회임금'이라고 봅니다. 이 글에서는 이 키워드와 관련하여 진보든 보수든 동의할 수밖에 없는 대안을 모색해보려고 합니다. 왜 보수의 동의에 신경을 쓰느냐고요? 이명박 정권이 소통을 외면했으니까 진보가 집권하더라도 보수와 소통할 것 없이 내 생각대로 하겠다고 해서는 안 되겠지요. 무조건 기득권을 지키려는 '보수'가 아니라 양식을 가진 '참보수'가 동의하는 대안을 진보가 제시한다면 윈-윈 아닙니까? 그럴 가망성이 없다고요? 글쎄요. 저는 좌도우기左道右器 즉 진보의 가치를 보수도 동의하는 방식으로 추구한다면 가능하다고 봅니다.

우선, 사회임금에 관한 조국 교수님의 말씀을 인용해보겠습니다.

(…) 그 핵심 중의 하나가 '사회임금'을 높이는 것입니다. 우리 사회에서 임금이라고 하면, 직장에서 일하고 받는 '시장임금'만을 생각합니다. 그래서 많은 사람들이 시장임금을 많이 받기 위해 장시간 노동을 감수하거나 '투잡'을 뛰고 있죠. 직업을 못 구하거나 구조조정 등으로 직장을 잃게 되면, 시장임금은 없어지고 사회임금도 거의 없으니 나락으로 떨어집니다.

그런데 국가가 제도를 통해서 사회임금을 높여주면 시장임금이 낮아져도 삶이 팍팍해지지 않습니다. 유럽에서는 국민의 약 70~80퍼센트가 큰 부담 없이 평생 임대주택에 살 수 있어요. 대학 진학을 위한 사교육은 희귀한 일이고, 대학등록금도 매우 낮아서 교육비 부담이 적죠. 그리고 무상의료의 범위가 넓기 때문에 중병이 들었다고 해서 집안이 의료비로 거덜 나는 일은 없어요. 이들 나라의 시민은 시장임금 외에 사회임금을 받고 있는 것입니다. 그런데 한국은 이런 모든 것을 개인이 시장임금을 받아 해결해야 하니 죽을 노릇이죠. '빨갱이 콤플렉스' 때문에 두려워서, 또는 '아직 허리띠를 졸라매야 한다'는 이데올로기 때문에 이러한 것을 국가와 사회가 부담해야 한다는 생각을 못 했죠.

요컨대, 주택·교육·의료 등을 국가와 사회가 부담해야 한다는 말씀입니다. 여기에는 두 가지 내용이 들어 있습니다. 하나는 "국민의 기본생활이 보장되어야 한다"는 것이고 다른 하나는 "그 책임을 국가와 사회가 져야 한다"는 것입니다. 보수도 첫째 명제를 부정하지는 않을 것입니다. 보수라고 해서 (속으로야 어떻든 적어도 겉으로는) 인간의 존엄성을 부정하지는 않으니까요. 또 득표 전략으로도 그렇게 하는 것이 유리합니다. 박근혜 의원이 복지를 들고 나오는 것을 보십시오. 그러나 둘째 명제에 대해서는 단서를 많이 달 것입니다. 국가가 주선/알선을 하는 정도는 몰라도 재분배 확대는 곤란하다고 할 것입니다. 각자 열심히 노력해서 시장임금으로 해결하는 것이 원칙이라고 할 것입니다. 박근혜 의원의 '줄푸세'(세금과 정부 규모를 '줄'이고, 불필요한 규제를 '풀'고, 법질서를 '세'우자)가 잘 말해 줍니다.

재분배 없이도 사회임금이 가능합니다

둘째 명제에 관한 한 보수와 진보의 화해는 불가능해 보입니다. 그런데 과연 그럴까요? 만일 모든 국민이 동등한 지분을 가지는 공동자산이 있고, 그 규모가 모든 국민에게 인간다운 생활을 보장하기에 충분하다면 어떨까요? 예를 들어 성경에 나오는 것처럼 만나를 하늘에서 계속 베풀어준다면? 만나는 누가 생산한 것이 아니고 취득 자격이 제한되어 있는 것도 아닙니다. 그러므로 진보, 보수의 어떤 기준으로 보더라도 만나는 국민의 공동자산입니다. 누구든 만나를 취득하여 자기 삶을 보장하면 됩니다.

이런 이상한 상상이 현실화된다면, 시장임금이 아닌 '공동자산'으로 모든 국민에게 인간다운 생활을 보장하자는 데 이의를 제기할 사람은 없을 것입니다. 재분배 없이 자기 돈으로 자기 삶을 보장한다는 데야 보수의 어떤 논리로도 반대할 수가 없을 것입니다. 진보도 물론 이의가 없을 것입니다. 공동자산이 없는 현실에서는 책임을 국가와 사회가 부담하는 게 불가피하겠지만 국민 각자에게 자기 돈이 있다는 데야 국가가 나설 이유가 없지 않습니까?

문제는 그런 공동자산이 있느냐입니다. "누구나 제 먹을 것은 갖고 태어난다"는 우리 옛말도 있지만 그 말을 실제로 믿는 사람은 많지 않은 듯합니다. 그러나 조금만 상상력을 발휘한다면 이 옛말이 사실임을 쉽게 이해할 수 있습니다. 조국 교수님마저도 "이 무슨 허황된 소리냐?" 하면서 읽기를 그만둘까 봐 황급히 현실의 사례를 하나 들어보겠습니다. 미국 알래스카 주의 주민은 일을 하건 말건 매년 일정한 배당금을 받습니다. 주민이기만 하면 무조건 받습니다. 2008년에는 1인당 3,269달러, 2009년에는 1,305달러, 2010년에는 1,281달러를 받았습니다. 금액이 매년 다른 이유는 아래에서 언급하는 '영구기금'의 운용수익이 변하기 때문입니다.

알래스카 정부가 무슨 돈으로 '퍼' 주는지 의아하시지요? 석유가 많이 나는 알래스카에서는 원유 파이프라인이 완성 단계에 접어들었던 1976년에 주 헌법을 개정했습니다. 석유 관련 광권 수입의 4분의 1 이상을 영구기금Alaska Permanent Fund에 넣고 이 기금의 운용 수익을 주민에게 무조건 나누어주자는 내용입니다. 석유와 같은 천연자원은 특정인이 생산한 것이 아니므로 그 수익 역시 당연히 모두의 것이라는 취지입니다.

아직은 운동 차원이지만, 모든 국민에게 무조건 일정한 소득을 주자는 '기본소득 운동'도 있습니다. 알래스카 배당금과 비슷하지만 재원이 일반 조세라는 점에서 차이가 있습니다. 우리나라에서도 민주노총에서 이 아이디어를 받아 2009년 초에 연구 결과를 발표하였습니다. 이 안에 의하면, 어릴 때부터 청장년기에는 연 400만 원, 55세가 넘으면 연 600만 원 이상을 지급하는 걸로 되어 있습니다.

세금으로 재원을 삼으면 보수가 반대합니다

그러나 기본소득 운동은 그 재원이 일반 조세라는 점에서 보수의 지지를 받기 어렵습니다. 조세는 만나와 달리 하늘에서 베풀어주는 것이 아니라 결국 국민의 소득에서 나옵니다. 갑은 열심히 노력해서 소득이 높고 을은 빈둥거리다가 소득이 낮은 경우에 갑에게서 세금을 거두어 을과 나눈다면 갑이 억울하지 않겠습니까? 보수가 복지 확대에 주저하는 가장 큰 이유이고 또 제가 보더라도 보수의 태도를 틀렸다고 할 수는 없습니다. 물론 소득은 본인의 노력 외에, 타고난 능력에 의해서도 크게 좌우되고 인생살이의 각종 행운과 불운에 의해서도 영향을 많이 받습니다. 그러니까 소득 중에서는 징수해도 억울할 것이 없는 부분이 상당히 존재하는 것이 사실입니다. 그러나 개미의 소득을 떼어 베짱이에게 주는 경우도 적지 않게 생길 수 있다는 보수의 우려에도 일리가 있습니다.

반면, 알래스카 배당금에 대해서는 개미-베짱이의 비유가 성립하지 않습니다. 인간이 평등한 생존권을 가진다면, 생산자가 따로 없는 천연자원에 대해서는 국민 모두가 동등한 권리를 가지는 게 당연하기 때문입니다. 따라서 국민 공동자산의 가치를 재원으로 하면 아무도 억울해 할 일이 없습니다.

석유처럼 누구도 생산하지 않은 국민 공동자산의 사례는 많습니다. 정부가 정책상의 필요에 의해 불가피하게 일부 국민에게 특권을 부여한다면 그 대가는 국민 공동자산입니다. "불가피하게 특권을 설정한다고?" 그렇습니다. 토지·천연자원·환경 등 자연은 우리 모두의 것이지만 특정인에게 소유권·채취권·오염권 등의 특권을 부여하게 됩니다. 휴대전화 등 통신기술이 발달하면서 점점 희소해지는 전파 대역 독점권도 특권입니다. 또 정부가 공익 목적으로 특권을 설정할 때도 있습니다. 예를 들면 수도·전기·가스·통신과 같은 공익적 독과점사업을 일부 기업에게 특허할 수 있습니다. 또 일시적으로 일부 기업에게 특혜를 주는 불균형 성장전략을 취하는 경우도 있습니다.

보수는 사유재산제와 시장경제를 중시합니다. 그런데 진정한 시장경제는 특권을 인정하지 않습니다. 시장경제는 자유방임을 지향한다고 하지만 자유방임을 무조건 방치라고 해석한다면 큰 잘못입니다. 자유방임 즉 "Laissez faire!"라는 표현은 프랑스 중농학파가 처음 사용했다고 하는데 "Laissez faire, laissez aller!" 즉 "길을 열어주고 방임하라"에서 나왔다고 합니다. 이것은 중세 때 경기의 시작을 알리는 신호였습니다. 이것을 본래 취지에 가장 가깝게 표현하자면 '특권 없는 공정사회'A fair field and no favor정도가 됩니다.

특권은 정상적인 시장작용을 왜곡하고 불로소득을 발생시킵니다. 특권에 의한 불로소득은 노력과 기여의 대가를 생산자에게 보장하는 사유재산원리에 위배됩니다. 그러므로 특권의 대가를 징수하는 데 보수가 반대한다면 자가당착에 빠집니다. 특권마저도 방치해야 한다고 주장한다면 그건 시장론의 허울을 쓴 '특권옹호론'일 뿐입니다.

토지의 경우 특권의 대가를 환수하는 가장 좋은 수단은 토지보유세입니다. 시장주의의 대부 밀턴 프리드먼도 토지보유세에 대해 가장 '덜 나쁜' 세금이라고 칭찬하였습니다. 정부 간섭 없는 자생적 질서를 옹호하고 심지어 독점마저도 정부 개입보다는 낫다고 한 하이에크도 토지보유세를 지지하였고 『자유헌정론』에서는 도시계획 등 정부의 조치에 의한 토지가치 변화액은 징수하는 것이 옳다고 명시적으로 지적했을 정도입니다. 여기서 토지는 단순한 땅이 아니라 인간이 생산하지 않는 자연 일체를 대표합니다.

특권에서 생기는 불로소득이 최적의 재원입니다

도대체 특권의 가치가 얼마나 될지 궁금하실 것입니다. 대충이라도 감을 잡으시도록 금액을 예시해보겠습니다. 국민 공동자산 중 토지만 해도 연간 100조 원은 됩니다. 4인 가구당 평균 연 2천만 원씩 나누더라도 5백만 가구 즉 2천만 명에게 나눌 수 있는 금액입니다. 또 특권의 대가를 징수하면서 다른 세금을 감면하면 공동자산의 가치는 늘어납니다(지면 관계로 이 점에 대해서는 자세히 설명하지 않겠습니다). 뿐만 아니라, 토지 외에 천연자원과 환경의 가치를 환수하고 또 공권력이 설정한 특권의 대가도 환수하면 재원이 늘어납니다. 한편, 복지 수요 쪽의 현황을 보면 2011년 최저생계비는 4인 가구 기준으로 연간 1,700만 원이 조금 넘고, 복지 지출은 많이 잡아도 30조 원 정도입니다. 진보가 집권한다면 복지 지출이 더 늘어나겠지요.

　소득이 일정한 수준에 미달하는 국민에게 그 부족액을 보충해주는 방식을 택하면 비용이 훨씬 덜 들므로, 생계보장 외에 교육·의료·주택을 지원할 수 있고 또 일반 재정에도 충당할 수 있습니다. 보편적 복지를 추구하는 진보 쪽에는 이런 방식을 잔여적 또는 시혜적 복지라고 비판할 사람도 있을 것입니다. 그러나 이건 모든 국민이 자기 돈으로 생존권보험에 가입하고 소득 미달이라는 사고가 생기면 당당히 보험금을 타는 방식입니다. 이런 보험에 대해 잔여다, 시혜다 할 수 있겠습니까? 수급자의 인생역전이 일어나서 형편이 아주 좋아질 경우에 과거의 수급액을 상환하도록 하면 재원은 더 늘어납니다.

특권에 의한 불로소득 외에 사회임금과 일반 정부 비용을 위한 재원이 더 필요하다면, 그 다음 순의의 재원으로는 인생의 출발을 평등하게 만들기 위한 환수액이 좋다고 봅니다. 출발의 불평등을 초래하는 요인으로는 천부적 자질, 가정환경, 상속 재산이 있는데, 이 중에서 우선 상속으로 인한 불평등을 막기 위해 강력한 상속세 제도를 통해 재원을 마련하는 게 좋겠습니다. 보수 중에는 상속세를 못마땅하게 생각하는 사람도 있겠지만, 노력 소득보다는 상속 재산이 세원으로서 더 공정하다는 데에는 이론이 없을 것입니다.

천부적 자질과 가정환경의 차이에서 생기는 소득격차를 방지하여 출발을 동일하게 만드는 정책에 대해서는 보수의 반대가 많을 것입니다. 능력 발휘를 억제한다거나 개인에 대한 지나친 간섭을 초래할 염려가 있다는 반론을 펼 것인데 그 나름의 일리가 있다고 봅니다. 그래서 이런 요인에 의한 소득격차는 혹 재원이 불충분할 경우에 한하여 소득세를 통해 보정하면서 정부 재원을 마련하면 됩니다. 그러나 제 생각으로는 정부가

4대강 삽질과 같은 어이없는 짓을 하지 않고 꼭 할 일만 제대로 한다면 그 이상의 재원이 필요없다고 생각하고 있습니다.

공동자산 중 환경은, 배출권거래제가 도입되고는 있지만 아직은 사유화의 초기 단계에 불과하기 때문에 오염의 대가를 징수하는 데 대해 보수도 반대하지 않습니다. 그러나 토지처럼 이미 사유화되어 있는 공동자산의 경우에는 새삼 이를 돌이키려고 하면 보수에서 반대할 것입니다. 토지소유라는 특권의 대가를 모두 징수하면 토지의 매매가격이 0이 되기 때문에 사유재산 침해라는 말이 당장 나올 것입니다(매매가격이 0이 되는 이치에 대해서는 지면 관계로 자세한 설명을 생략합니다).

저는 원론적으로 이런 비판이 정당하지 않다고 봅니다. 토지불로소득마저 소유자에게 허용하는 지금과 같은 토지사유제는 노력과 기여의 대가를 인정하는 사유재산제에도, 정당한 사유재산의 자발적 교환을 보장하는 시장경제에도 부합하지 않습니다. 그러므로 진정한 자유시장경제를 지키려는 보수라면 당연히 토지사유제에 반대해야 합니다. 토지소유의 기원은 약탈·강압·사기 등이 대부분이므로 법률의 정신에 비추어 보더라도 토지사유제는 원인 무효입니다.

그러나 갑자기 지가를 0으로 만드는 제도를 도입하는 것도 현명하지 않다고 봅니다. 위헌 문제를 차치하고서라도 경제에 큰 충격을 주기 때문입니다. 그래서 저는 충격도 없고 양식 있는 보수라면 반대하지 않을 전환 방법도 마련해두고 있습니다. 여기서 모든 것을 다 말씀드리기 어렵기 때문에 이 정도로 운을 떼놓고 글을 마무리하려고 합니다. 혹 관심이 있으시면 연락 바랍니다.

멀리 가려면 같이 가야 합니다

『진보집권플랜』에 보니 조국 교수님은 부산 출신으로 서울법대 82학번이라고 되어 있는데 저는 대구 출신의 같은 대학 67학번입니다. 연고를 강조하자는 뜻이 아니라 동향에 동창이면 생소한 사람에 대해 자연히 품게 될 경계심은 일단 제거할 수 있을 것 같기 때문에 말씀드리는 것입니다. 그리고 우리는 잠깐이지만 직접 만난 적도 있습니다. 며칠 전 제가 재직하는 경북대에서 비판적 지식인을 지향하는 교수 모임인 '복현 콜로키엄' 주최로 '법치와 인권'에 대한 말씀을 하셨지요. 그때 저도 참석했고 서로 악수도 했습니다. (하하, 별 인연을 다 내세우지요?)

아무튼 우리의 목적은 진보의 집권 자체가 아니라 더 좋은 나라를 만드는 것 아니겠습니까? 진보가 일시 집권해도 몇 년 안 되어 대못이 뽑히고 만다면 나라는 좋아지지 않고 공연히 국민만 혼란스러워 합니다. 그러므로 진보가 흔든 깃발이 계속 나부끼도록 하려면 양식 있는 보수의 반감을 사지 않는 컨텐츠가 필요합니다. 보수 역시 그들이 심은 정책이 계속 유지되도록 하려면 합리적인 진보의 동의를 얻어야 합니다. 멀리 가려면 같이 가야 한다는 말이 있지 않습니까?

진보든 보수든 좌도우기론을 추구해야 무시와 대립을 넘어 소통과 화해 속에 좋은 나라를 만들 수 있을 것입니다.

『오마이뉴스』 2010. 12. 20.

세금의 순서, 특권이익부터 징수해야

_ 선대인

선대인 부소장님, 세금과 예산에 관한 탁월한 고발서 『프리라이더 — 대한 민국 세금의 비밀 편』(선대인, 더팩트, 2010) 잘 읽었습니다. 세금은 공권력이 강제로 걷는 돈이고 예산은 주인 없는 돈입니다. 그래서 세금을 덜 내고 예산을 많이 할당받는 것은 공돈을 얻는 것과 같습니다. 책 제목을 '프리 라이더'(무임승차자)라고 하신 것도 이 때문이겠지요.

저는 대학에서 행정학 관련 과목을 가르치고 있는데, 이론 중심의 교 과서나 현장감이 부족한 제 강의를 보완하는 좋은 참고서로 학생들에게 권할 예정입니다. 다만, 조금 더 같이 생각해보고 싶은 부분이 있어 글을 쓰게 되었습니다.

부소장님은 조세정책의 기본 원칙을 이렇게 요약하셨습니다.

조세정책의 기본 원칙은 세 부담 주체 간 형평성 확보, 세제의 간소화, 경제발전 촉진 및 삶의 질 향상에 기여하는 것이어야 한다. 형평성의 확보는 소득의 종류에 상관없이 동일한 소득액에 대해서는 비슷한 세금을 부담하도록 하고, 소득 수준에 비례해서 세금 부담을 늘리는 것을 말한다.(197쪽)

여기에서 "소득의 종류에 상관없이 동일한 소득액에 대해서는 비슷한 세금을 부담"한다는 표현이 마음에 걸립니다. 이유는 두 가지입니다. 하나는 부소장님의 의도와는 달리 독자가 오해할 수 있다는 점이고, 다른 하나는 '동일 소득액, 동일 세금'으로는 부족하다는 점입니다.

먼저 오해에 대해 말씀드릴까요? 양도소득세를 예로 들어보겠습니다. 부동산 양도소득세는 일반 소득세보다 무거워야 한다는 것은 상식이고 선 부소장님도 물론 그렇게 생각하실 것입니다. 그러나 불행히도 현재 우리나라는 양도소득세나 종합소득세나 세율이 기본적으로 동일합니다. 즉 "동일한 소득액에 대해서는 비슷한 세금을 부담"시키고 있다는 겁니다.

선 부소장님은 "자산 경제에서 발생하는 소득은 대부분 불로소득에 가깝다. (…) 근로소득에 대해서는 칼 같은 정부가 막대한 불로소득에 대해서는 느슨하기 한이 없다"(26~27쪽)고 하셨고, 또 "한국은 자산경제와 생산경제 부분에서 세 부담 형평성이 매우 심각하게 훼손돼 있"(197쪽)다고 지적하셨습니다. 그럼에도 불구하고 일반 독자는 "선대인 부소장은 동일한 소득액에 대해서 비슷한 세금을 부담시키는 현행 양도소득세에 만족하겠네"라고 오해하지 않을까요?

둘째로, 부족한 부분에 대해서 말씀드리겠습니다. 결론부터 제시하자면 "동일한 소득액에 대해서는 비슷한 세금을 부담"시키기보다는, 소득의 종류에 따라 징수의 우선순위가 달라야 한다는 것이고 더 구체적으로는 특권이익부터 징수해야 한다는 것입니다.

소득에 영향을 주는 원인에는 여러 가지가 있습니다. 노력, 능력, 운이 있고 그 밖에 특권(또는 차별)도 원인이 됩니다. 각 원인에 의한 소득의 정당성에 대해 공개 토론을 벌인다면 다음과 같은 결론이 나올 것으로 예상됩니다.

노력해서 얻은 소득이 정당하다는 데는 거의 만장일치로 합의할 것입니다. 능력에는 본인의 노력과 무관한 부분이 많이 있지만 그래도 능력에 의한 소득은 대체로 정당하다고 할 것입니다. 순전한 운은 능력보다 덜 떳떳한 원인이라는 점에는 합의하겠지만, 운에 의한 소득을 세금으로 징수하자는 데는 반대도 더러 있을 것입니다. 개인의 자유를 중시하고 정부 개입을 싫어하는 사람, 정부에게 운의 영향을 측정하는 권한을 주면 권한 남용 등 부작용이 생길 것으로 염려하는 사람도 있기 때문입니다. 그러나 특권에서 생기는 소득을 정당하다고 하는 사람은 없을 것입니다. (속마음으로는 특권의 존속을 바라는 사람도 있겠지만……)

인간이 평등하게 존엄하다면 원론적으로 특권은 없어야 합니다. 그래서 근대국가에서는 봉건시대의 신분제도가 철폐된 것이지요. 그러나 공익을 위해 불가피하게 특권을 설정해야 할 경우도 있습니다. 쉬운 예로 토지사유제를 들 수 있습니다. 아무도 생산하지 않는 토지 등 자연은 당연히 국민의 공동자산입니다. 그럼에도 불구하고 우리는 특정인에게 소유권 등 우선권을 인정하고 있으며 또 이를 불가피한 제도로(아니면 적어도 용인할 수밖에 없는 제도로) 생각하고 있습니다.

그 외에도 불가피한 특권은 많이 있습니다. 천연자원·환경 등 자연도 토지와 다름없지만 특정인에게 채취권·오염권 등의 특권을 부여하고 있습니다. 정부가 정책적 이유로 특정 기업에게 부여하는 독과점권이나 특혜도 특권의 예입니다.

특권은 불로소득을 낳습니다. 그러므로 특권의 취득 기회를 균등하게 보장하는 동시에 특권의 이익을 환수해야만 특권과 평등이 공존할 수 있습니다. 그렇다면 특권이익부터 징수하고, 그걸로 부족하면 운에 의한 소득을 징수하고, 그걸로 부족하면 능력 중 본인의 노력과 무관한 부분에 의한 소득을 징수하고…… 이렇게 해야 하지 않을까요?

그런데 지금은 어떻습니까? 토지가 아무런 조건 없이 사유화되어 있습니다. 더구나 사회경제 변화나 정부 조치 등 토지소유자의 노력이나 기여와는 무관하게 오른 땅값까지 소유자가 차지하고 있습니다. 최근에는 배출권거래제라는 이름으로 환경의 사유화가 시작되고 있는데도 그 불공정성이 주목받지 못하고 있는 형편입니다.

특권이익은 소득으로 실현된 가치만이 아니라 실현될 수 있는 잠재적 가치도 환수해야 합니다. 소득의 실현 여부와 관계없이 특권은 그 자체로 다른 사람의 평등한 기회를 박탈하기 때문입니다. 다른 식으로 표현하면 특권을 차지하면서 행사하지 않는 것은 사회적 알박기와 다름없다는 것입니다.

여러 특권이익 중에서도 최우선으로 환수해야 할 대상은 토지소유 이익이라고 봅니다. 토지가 우리 생활에서 차지하는 중요성이 매우 크고 또 우리 사회가 토지문제로 인해 심각한 고통을 겪어왔기 때문입니다. 토지는 우리나라 양극화의 중요 원인이고 최근 미국발 금융위기도 부동산에서 비롯된 것 아닙니까?

토지소유 이익을 환수하는 최적의 수단은 토지보유세입니다. 토지보유세는 부소장님의 세 가지 기본 원칙 중 형평성은 말할 것도 없고, "세제의 간소화, 경제발전 촉진 및 삶의 질 향상에 기여하는 것"이라는 원칙에도 다른 어느 세금보다 잘 맞습니다. 이 점은 부소장님도 물론 잘 아실 것이고 또 모든 관련 교과서에서 인정하는 사실이므로 자세한 언급은 생략하겠습니다.

저 같은 책상물림에 비해 여론 호소력이 훨씬 강한 선대인 부소장님께 부탁드립니다. '동일한 소득액에 동일한 세금'이 문제 있다는 제 지적에 동의하신다면, 앞으로는 "세금도 순서가 있다. 특권이익부터 환수해야 한다"고 해주십시오.

『오마이뉴스』 2011. 2. 22.

'봉하 참사'와 아내의 사회적 책임

_ 권양숙

노무현 전 대통령의 참사 이후 여러 의견이 많이 나왔지만 대부분 정치에 관한 내용이었다. 참사의 정치적 의미가 엄청나고 또 집권층이 주된 원인을 제공했다는 점에서 당연하다. 그러나 이번 일에는 가족이 깊이 관여되어 있으므로 가족에 관한 생각도 조금 해보는 게 어떨지?

우선 사실관계를 확실하게 하기 위해 '100만 달러'에 관한 문재인 전 청와대 비서실장의 인터뷰를 인용한다.

정상문 전 비서관이 봉하에 내려오면 늘 대통령을 먼저 뵈었는데 그날은 여사님을 먼저 만났다고 한다. 대통령이 의아하게 생각해 뭘 하는지 두 분이 있는 방에 들어가보니, 권 여사가 넋이 나가 울고 있고 정 비서관은 고개를 떨구고 있었다. 그제야 정 비서관이 돈 이야기를 했고 나중에 정 비서관 표현에 의하면 〔대통령이〕 "탈진 상태에서 거의 말씀도 제대로 못 했다"고 한다. (…) 그 돈이 그냥 빚 갚는 데 쓰인 게 아니고 아이들을 위해 미국에 집 사는 데 쓰인 것을 알고 충격이 굉장히 크셨다.

—『한겨레』 2009. 6. 2

이에 대해 '설마 그 큰 금액이 오가는 것을 남편이 몰랐을까?' 하고 의심하는 사람도 적지 않을 것이다. 그러나 필자는, 증거를 댈 수는 없지만, 노무현 전 대통령의 성품으로 볼 때 문재인 씨의 증언이 맞을 것으로 생각한다.

우리나라 보통 가정에서, 아내가 꼭 하고 싶지만 남편의 동의를 받기는 어렵다고 생각하는 일에서는 아내가 남편을 따돌리는 경우가 적지 않다. 이 점은 결혼한 지 상당한 시간이 지난 남편이라면 잘 알 것이고, 아내 스스로는 더 잘 알 것이다. 특히 중년이 넘은 부부의 경우에 아내의 재량권은 막대하다. 40여 년 전 최희준이 유행시킨 〈엄처시하〉라는 노래에도 "눈 밑에 잔주름이 늘어가니까 무서운 호랑이로 변해버렸네"라는 가사가 있었는데, 꾸준한 여권 신장의 결과 지금은 훨씬 더하다. '간 큰 남자' 유머 시리즈가 돌고 있는 세상이다.

권 여사도, 오랜 세월 가깝게 지내온 후원자에게서 자식을 위해 돈을 좀 얻어 쓰고 싶은데 별난 남편 노무현은 절대로 동의하지 않을 것이라는 사실을 잘 알았을 것이다. 그래서 단독으로 일을 '저질렀을' 것이다. 허락받기보다 용서받기가 쉽다는 말도 있으니까. 그러나 예상 외로 검찰이 이

1부 멀어도 바른 길로—실명 논평

걸 문제 삼으면서, 평생 지켜온 자존심에 치명상을 입은 남편이 목숨까지 버렸고 온 나라가 엄청난 충격에 휩싸이게 되었다.

아내의 처신이 가족을 넘어 사회에 큰 영향을 미친다면 아내의 사회적 책임이 중요한 사회적 관심 대상이 되어야 한다. (물론 남편의 사회적 책임도 같은 차원에서 언급할 수 있지만 영향력이 큰 고위직에 진출한 여성이 많지 않다는 현실을 감안하여 일단 아내에만 초점을 맞춘다.)

필자는 사회에 큰 파장을 일으킨 다른 사례에서도 아내의 책임이 있을 것으로 추측한다. 강남의 부자들이 왜 한사코 종부세에 반대했을까? 정권이 바뀌자 정부는 왜 쫓기듯이 종부세를 무력화했을까? 헌법재판소에서도 다른 것은 다 합헌이라고 하면서도 유독 세대별 합산 과세만 위헌이라고 했을까? 부동산 보유세는 '장바구니 세'라는 말이 있듯이 아내들이 종부세를 미워했고 그 압력을 남편들이 못 이겨서는 아닐까?

또 삼성의 이건희 씨가 그렇게 무리를 해가며 아들에게 경영권을 물려주려는 이유가 무엇일까? 선량하고 나약해 보이는 신영철 대법관이 후배 법관들의 손가락질을 받아가면서까지 자리를 지키는 이유가 뭘까? 아내의 입김이 작용한 것은 아닐까? 이런 의구심에 근거가 없기를 바라지만, 한편으로는 사실일 수 있다고 생각하는 독자도 적지 않을 것이다. 소설과 영화 속에 흔히 나오는 일이고, 우리의 직접 체험을 통해서도 그 가능성을 부인할 수 없기 때문이다.

대체로 여성은 남성에 비해 생활력이 강하고 자식 사랑이 더 깊은 것 같다. 달리 말하면 여성이 더 자기중심적이고 더 가족중심적이며 따라서 사회적 책임감이 덜하다는 것이다. 이 가설에 따르면 복부인, 치맛바람이라는 표현에는 나름의 이유가 있다.

물론 여성의 사회적 책임감이 부족한 것은 남성중심사회가 오래 계속되었기 때문이기도 할 것이다. 여성이 남성과 동일한 사회진출 기회를 얻게 되면 이런 문제는 많이 해소될 것이다. 그러나 그동안에는 어떻게 할 것인가? 제대로 살고 싶은 남자들은 결혼과 출세 중 하나를 포기해야 하나?

아내들은 집안의 일도 사회에 큰 영향을 줄 수 있다는 점, 권리에는 책임이 따른다는 점을 인식해주기 바란다. 여성의 권익 신장을 추구하는 여성단체는 사회적 책임감을 기르는 문제에도 관심을 가져주기 바란다. (요즘 세상에 감히 여성의 책임을 공개적으로 따지는 간 큰 남자가 있다니……)

『평화뉴스』 2009. 6. 7.

1부 멀어도 바른 길로―실명 논평

지역주의의 극치는 서울중심주의

_ 강만길

"김대중 정부 덕에 호남지방이 특혜를 입었다"고 하면 호남지역 주민은 매우 억울하게 생각하면서 이렇게 말할 것이다. "김대중 정부가 집권한 지난 5년간 호남지역 주민이 정부로부터 특혜를 받은 게 없다. 덕 본 것도 없는데 남들은 '덕을 봤겠지' 하고 눈총을 주니 참 부담스럽다."

그런데 5월 13일자 『한겨레』 2면에 실린 칼럼에서 강만길 총장은 호남을 영남으로 바꾸어, "박정희 집권 이래 영남지방은 다른 지방에 비해 정치·경제적으로 많은 특혜를 입었다"고 하였다. 이런 인식은 강만길 총장만이 아니라 영남지역 주민을 제외한 대부분의 국민이 공유하고 있다. 그런데 호남지역 주민에게 호남특혜론이 억울하게 들리듯이 대부분의 영남지역 주민에게는 영남특혜론이 억울하게 들린다.

다수 국민은 "박정희 씨 고향인 구미와 이후락 씨 고향인 울산에 대규모 공단이 들어서지 않았는가? 그게 특혜 아니냐?"고 생각할 것이다. 이것은 물론 특혜이지만 이런 몇 가지 민감한 사례가 전체적인 인상에 영향을 너무 많이 주는 것 같다. 그러나 영남지역 전체를 놓고 특혜를 입었다고 판단하려면 더 종합적이고 냉정한 안목이 필요하다.

어떤 통계를 보아도 영남지역 주민생활이 영남정권 시절에 다른 지역보다 더 좋아졌다는 증거가 없다. 오히려 중요 경제·사회지표는 영남, 특히 영남정권의 아성이라고 하는 대구·경북이 뒤진다. 예를 들어, TK정권의 마지막 해인 1991년의 일인당 지역소득을 보면 서울 480만 원, 광주 430만 원인 반면 대구는 380만 원에 불과하다. 도시 간 비교자료가 존재하는 1971년 이래 20년간 주택·상수도·도로·전화 등으로 생활수준을 비교해봐도 그 변화 속도에서든 결과적 수준에서든 대구가 다른 도시, 예를 들면 광주보다 못하면 못했지 더 나을 게 없다.

TK정권 시절에 특혜를 받은 사람은 영남지역 주민이 아니고 영남 출신 서울 사람이다. 이 점은 지난 5년 김대중 정부 집권 기간에 특혜를 받은 사람은 호남지역 주민이 아니라 호남 출신 서울 사람인 것과 같다. 그런데도 강만길 총장은 "정권의 특혜를 받으면서 영남지방은 반민주성의 아성이 되었으므로 16대 대선에서 영남의 선택은 21세기에 들어선 우리 민주주의의 성숙도를 재는 잣대가 된다"고 훈계를 하였다.

호남이든 영남이든 대부분의 지방 주민은 투표를 하면서 자신에게 이익이 되는 일이 있을 것으로 기대하지 않는다. 그저 자기 지방 출신의 정치인을 운동경기의 선수쯤으로 생각하고 나에게 득이 되건 말건 다른

편이 이기는 것보다는 좋다는 정도로 생각하면서 응원을 할 뿐이다. 물론 여기에 잘못이 없다는 말은 아니다. 응원전의 도가 지나칠 때도 있었고, 또 근본적으로 정치는 스포츠와 다르기 때문이다. 최경주나 박찬호 선수를 응원하면 그저 대리만족에 그칠 뿐이지만 표를 가지고 정치인을 응원하면 나라의 진로에 영향을 준다. 그러므로 지역주의가 정치에 영향을 주는 것을 경계해야 한다.

그러나 강만길 총장처럼 특정 지역만을 거론하며 특혜를 받았다거나 비민주 아성이라고 지적하는 것은 적절하지 않다. 특정 지역이 특혜를 입은 것도 없고, 또 지역주의에 물든 지역은 모두가 비민주 아성이기 때문이다. 그러므로 강만길 총장이 "아무개 후보의 등장을 보니 지역감정에 휩싸여 뒷걸음질쳤던 우리 민주주의가 이제야 제 길을 찾기 시작한 것 같다"고 느낀다면 이렇게 훈계를 해야 옳다. "지역주의는 민주주의에 역행합니다. 어느 지역 주민이든 16대 대선에서는 지역연고 대신 정책을 보고 투표합시다."

또 한 가지 덧붙일 말이 있다. 실제로 역대 정권의 특혜를 입은 지역은 서울이고 특혜를 입은 사람은 서울 사람이다. 모든 지방과 모든 지방 사람은 다같이 서울중심주의의 피해자였을 뿐이다. 이 사실은 어떤 통계를 보든 명백하게 나타난다. 서울중심주의와 그로 인한 지방차별은 남성중심주의와 그로 인한 여성차별보다 더 심하다. 역대 장관 중 여성이 26명에 불과하다는 보도가 있었는데, 역대 장관 중 지방 사람은 10년에 한 명 있을까 말까 한다. 그런데도 강만길 총장은 서울 사람이기 때문에 이런 사실이 잘 안 보이는지도 모른다. 그렇지 않다면 이런 훈계도 덧붙여

주기를 기대한다. "서울의 유권자 여러분, 서울중심주의라는 지역주의를
포기하고 지방을 살릴 후보를 찍읍시다."

『한겨레』 2002. 5. 21.

2부

노무현 시대의 글 싸움

토지 독점은 사실상의 노예제

우리나라 총인구의 1%가 전체 사유지 면적의 절반 이상을 소유하고 있다는 행정자치부의 조사 결과가 발표되었다. 1가구 내의 토지소유자가 1명이라고 가정한다면, 우리나라 가구의 규모가 평균 3.4명이므로, 총가구의 3% 정도가 국토의 절반을 차지한다는 뜻이다. 상식적으로, 부자일수록 가구당 토지소유자 수가 늘어난다는 점을 감안하면 가구 기준의 토지소유 편중도는 더 높을 것이다.

80년대 말에도 토지공개념위원회가 면적 기준의 토지소유 편중도를 조사했었는데, 조사 방식이 약간 달라서 단순 비교는 어렵지만 그때나 지금이나 토지소유가 심하게 편중되어 있다는 점에서는 공통적이다.

충격적이다. 아니, 실은 토지소유 편중도가 심하다는 사실은 다들 알고 있었지만 이렇게 통계로 또 다시 확인되고 보니 참담한 심정이라고 말하는 것이 더 정확하겠다. '혹시나?' 하고 걱정만 하다가 드디어 용기를 내어 건강진단을 받아보니, 염려하던 바로 그 병이라는 확진이 나온 것과 같다고 할까?

자본주의 사회에서는 독과점이 금지된다. 독과점은 시장에서의 공정한 경쟁을 저해하여 사회정의는 물론 시장의 자원 배분 기능까지도 해치기 때문이다. 토지는 온 국민의 삶의 터전이므로 토지의 독과점은 일반 독과점보다 더욱 엄격한 제한이 필요하다.

무인도에 표류한 로빈손 크루소가 뒤에 도착한 프라이데이를 하인으로 삼았다는 이야기는 다 아실 것이다. 그런데 섬을 선점한 로빈손 크루소가 전체 토지를 등기하여 자신의 소유로 만들었다고 하면 프라이데이의 신세는 더 처량해졌을 것이다. 프라이데이가 땅에 발을 붙이고 생명이라도 유지할 수 있는가 여부는 오로지 땅 주인인 로빈손 크루소의 마음에 달려 있기 때문이다. 프라이데이는 하인 정도가 아니라 가장 비참한 형태의 노예 신분이라도 감수했을 것이다. 노예제도가 명목상 지구상에서 철폐되었지만 토지 독과점이 심해지면 실질적으로 노예제도가 부활하는 결과가 생긴다.

뿐만 아니라, 토지소유가 편중되면 토지불로소득 역시 일부에 쏠리게 된다. 토지소유자가 토지불로소득을 얻는 것은 다른 생산자가 노력하고 기여한 대가를 가로채는 것과 같다. 이것은 형법에 없는 절도행위이다. 남이 가진 물건을 훔치는 것만 절도가 아니다. 남이 생산한 것을 처음부터 가로채는 행위 역시 절도와 조금도 다름없다.

절도를 인정하는 제도는 사유재산제가 아니다. 정당한 사유재산제가 확립되지 않으면 시장경제도 성립되지 않는다. 그러므로 토지불로소득을 용인하는 제도는 자본주의가 아니라 정글주의일 뿐이다.

"투기이익을 완전히 배제해야 한다"는 노무현 대통령의 말이 국민의 공감을 얻는 이유는 인간의 맑은 양심과 소박한 상식에 일치하기 때문이다. 그런데도 우리 사회에는 토지불로소득을 추구하는 행위마저 정당한 투자라고 우기는 사람이 있다.

부동산 대책을 마련하고 있는 정부와 여당은 응당 대통령의 철학을 오차 없이 담아내는 제도를 만들어야 한다. 최소한 토지소유자에게 매입 지가의 원리금 이상이 돌아가지 않는 "헌법과 같은" 제도를 만들어야 한다. 야당도 이런 제도를 만드는 데 딴죽을 걸어서는 안 된다.

토지 독과점 규제와 토지불로소득의 100% 환수에 반대하여 국민의 정당한 소득을 지켜주지 못하는 정치인이 있다면 다음 선거에서 반드시 낙선될 것을 각오해야 한다. 성실한 노력과 창의적인 기여의 대가를 매일 매일 도둑맞고 있는 수많은 국민이 지켜보고 있다.

『오마이뉴스』 2005. 7. 16.

시장과 잘 어울리는 토지공개념

정부와 여당이 토지공개념을 부분적으로 재도입한다고 한다. 토지공개념이라는 포장지는 낡기는 했으나 질은 좋기 때문에 재활용을 해서 나쁠 것이 없다. 그러나 그 내용물은 '시장친화적'인 것이 되어야 한다. 시장친화적이란, 소극적으로는 시장의 작용을 저해하지 않고 적극적으로는 왜곡된 시장을 정상화한다는 뜻이다.

소위 시장론자들은 토지공개념에 반대하면서, 토지도 일반 상품처럼 시장에 맡기면 수요공급의 법칙에 의해 토지가 효율적으로 배분된다고 주장한다. 인간이 생산하지 않은 토지를 다른 물자와 동등한 사유재산으로 할 것인가에 대한 철학적인 의문은 차치하고, 이런 주장은 시장론자들이 중시하는 경제적 효율성과 관련해서도 문제가 크다.

토지매매시장은 제 기능을 제대로 발휘하기 어려운 불량시장이다. 토지매매시장은 지가를 매개로 하여 토지 배분이 이루어지는 기구이며, 지가는 무한한 미래의 지대(즉 토지임대가치)를 현재 가치로 환산한 금액이다. 그런데 인간의 미래 예측능력은 극히 부실하기 때문에 현실 토지시장에서 형성되는 지가는 미래의 지대를 제대로 반영하지 못한다. 그 결과, 막대한 토지불로소득이 발생하고 이를 추구하는 가수요가 횡행한다. 이러한 시장은 토지자원을 효율적으로 배분하지 못할 뿐 아니라 경제 전체에 피해를 준다.

토지시장을 정상화하는 방법은 두 가지이다. 하나는 인간의 예측능력을 대폭 개선하는 것이고 또 하나는 토지불로소득을 환수하여 토지시장에 실수요만 나타나도록 하는 방법이다. 그런데 인간은 미래를 잘 모르도록 태어난 존재이므로 토지불로소득을 환수하는 수밖에 없다.

토지불로소득을 환수하자고 하면 또다시 '반시장적'이라는 우려가 나온다. 그러나 토지불로소득 환수는, 정상적인 경쟁을 확보하기 위해 독과점을 규제하는 것과 같은 성질의 개입일 뿐이다. 아담 스미스를 위시한 많은 자유주의 경제학자들이 지대를 이상적인 과세 대상으로 꼽았다는 사실도 되새길 필요가 있다.

토지불로소득을 완전히 환수해버리면, 토지투기를 억제하기 위해 토지의 소유와 거래를 제한하는 다른 정책은 일절 필요없다. 아니, 필요없는 정도가 아니라 극히 예외적인 상황이 아니라면 채택해서는 안 된다. 그 예로는 택지소유 상한제, 다주택소유 금지, 토지거래 허가제, 분양권 전매 금지 등을 들 수 있다. 토지공개념이 반시장적이라는 오해를 받는 이유도 이런 과격하거나 졸렬한 정책과 한 묶음으로 인식되기 때문이다.

토지불로소득을 환수하는 최선의 수단은 토지보유세이다. 취득세·등록세·양도소득세와 같은 토지거래세는 토지의 자유로운 거래에 지장을 주어 시장기능을 제한한다. 다만 양도소득세는 부작용이 있지만, 실현된 토지불로소득을 환수하는 효과적인 수단이라는 측면도 있으므로 보조적으로 활용할 수 있다.

"토지보유세는 좋지만 금액이 크지 않아서 토지투기를 잠재우기 어렵다"고 생각하는 사람도 많다. 그러나 토지불로소득을 향해 정조준을 하면 토지투기는 사라진다.

정조준이란 매입지가의 원리금만 보장하고 그 초과분을 환수하는 '국토보유세'를 도입하는 것이다. 구체적으로는 매년 지대에서 매입지가의 이자를 공제한 나머지를 환수하면 된다. 재산권을 침해하지도 않고 당장 전면적으로 실시해도 사회에 충격을 주지 않는다. 이상하게 들릴지 모르지만, 극단적으로는 징수액이 전혀 없어도 토지투기가 나타나지 않는다. 정부는 막연한 '보유세 강화'가 아니라 정조준을 해야 한다.

지대가 이자 밑으로 하락할 경우에 그 차액을 보상해준다면 개발이익의 환수만이 아니라 개발손실의 보상이라는 목표도 한꺼번에 달성해서 더 좋다.

『경향신문』 2005. 7. 20.

강남 집값 좀 비싸면 어때

"강남이다, 판교다" 하면서 집값이 오르니까 정부는 정부대로, 투기세력은 투기세력대로, 서민은 서민대로, 시민단체는 시민단체대로 각각 다른 이유로 비상이 걸렸다.

그런데 태평스럽게 "그 까이꺼, 귀족들이나 사는 강남의 집값 좀 비싸면 어때?" 하는 사람도 있다. 차분히 생각해보면 일리가 있다. 강남의 집값이 비싸다고 해서 노숙자가 생기는 것은 아니기 때문이다.

문제는 강남 집값이 비싼 데 있는 것이 아니라 그 통에 불로소득이 발생하는 데 있고 또 그 바람에 서민들 집값까지 들썩이는 데 있다. 그렇다면 강남의 집값을 잡으려고 하기보다는 불로소득을 환수하고 서민주택 대책을 세워야 한다.

강남의 집값이 비싼 이유로 주거환경이 좋다는 이유를 드는 사람도 있지만, 글쎄다. 강남의 주거환경이 다른 지역보다 그 집값 차이만큼 더 쾌적하고 편리해 보이지는 않는다. 더 중요한 이유는 강남에 집을 장만하면 불로소득이 더 크게 생기는 데다가, 대한민국의 귀족층이라는 자부심을 가질 수 있고, 대학 입학이 유리하니까 학벌주의 사회에서는 귀족 신분의 대물림까지 가능하다는 데 있다.

이 중에서 자부심에 대해서는 손댈 필요도 없고 손대기도 어렵다. 스스로 그렇게들 생각한다는데야 무슨 뾰족한 수가 있을까? 교육이나 종교를 통해 강남 사람과 국민 전체의 인격이 높아지기를 기대하는 수밖에 없다. 이런 속물적 자부심 때문에 비싼 집에 살고 싶어한다면 그냥 놔두면 그만이다. 단지 불로소득만 환수하면 된다.

그러나 특권의 대물림은 방치해서는 안 된다. '고교등급제'나 '보유세 저항'에서도 보듯이 귀족층의 자기보존 욕구는 강하지만 정부가 여기에 밀리면 안 된다. 정부의 존재 이유는 바로 이런 기회의 불평등을 시정하는 데 있기 때문이다.

불로소득도 환수하지 않고 강남의 부당한 특권도 해소하지 않는 가운데 강남에 또는 그에 버금가는 지역에 집을 추가로 공급한다면 어떻게 될까? 집을 정말로 많이 공급하여 강남 복덕방에 빈집이 넘쳐난다면 강남의 집값도 잡히고 특권도 사라질 것이다. 그러나 집을 지을 토지는 한정되어 있으므로 현실적으로 그런 사태가 날 정도의 공급 확대는 기대할 수 없다. 최근 판교에서 보듯이 추가 공급은 투기의 불쏘시개가 될 뿐이다.

그렇다면 부동산 문제의 정답은 저절로 드러난다. 첫째로, 부동산 불로소득을 완전히 환수해야 한다. 불로소득이 없으면 투기가 사라지고 부동산시장에는 실수요만 나타난다. 불로소득이 없으면 가격의 급격한 등락 현상이 없으므로 가격 안정도 저절로 이루어진다. 정부는 단지 주택을 감당하기 어려운 서민에 대한 배려만 하면 된다.

둘째로는 강남의 부당한 특권을 해소해야 한다. 강남에 산다는 이유로 다른 국민보다 더 큰 기회를 누리는 일이 없도록 해주어야 한다. 그런데 우리 정부는 이 문제에 둔감해 보인다. 하나의 예로, 최근 본고사와 다름없는 대학입시가 부활되어 강남권 주민이 유리해지는데도 정부는 뒷짐을 지고 있다. 학벌주의를 타파하고, 시골에 살더라도 그 지역에서만 공부를 잘하면 원하는 대학에 갈 수 있도록 해주어야 한다. 이렇게 하면 수도권 공공기관을 비싼 돈 들여 지방으로 이전하는 것보다 더 큰 효과를 낼 수 있다. 대학 자율은 공익보다 더 높은 가치인가? 정부의 각성이 필요한 부분이다.

불로소득의 환수와 특권의 해소. 이 두 가지만 된다면, "그 까이꺼, 강남 집값 좀 비싸면 어때?"

『오마이뉴스』 2005. 9. 4.

행복도시의 불로소득 파티

행복도시(행정중심복합도시)법에 대한 헌법소원이 헌법재판소에서 각하되자 충청권에서는 만세를 부르고 이명박 서울시장은 심한 유감을 표시하였다. 지역에 따라 대조적인 반응을 보이는 이유는 물론 지역발전을 둘러싼 이해관계가 엇갈리기 때문이다.

지역발전을 가장 잘 반영하는 지표는 지역소득과 땅값이다. 그 중 지역소득 증가는 미래의 일이지만 땅값 상승은 눈앞의 일이다. 행정도시 예정지인 연기군의 땅값이 지난해에만 23.3%가 올랐고 올해도 10월까지 20.5%가 올랐다고 한다. 참여정부가 들어선 2003년 초부터 행정수도의 꿈에 부풀었으므로 전체 기간의 지가 상승률은 그보다 더 높았을 것이다. 연기군만이 아니라 대전·공주·논산 등 충청권 일대의 땅값, 집값도 많이 올랐다.

예정지의 용지 매입과 토지보상을 금년 12월부터 시작할 예정이라고 한다. 토지보상법(공익사업을 위한 토지 등의 취득 및 보상에 관한 법률)에는 당해 공익사업 때문에 오른 땅값은 보상해서 안 된다는 원칙을 명시하고 있다 (67조 2항, 70조 3항). 당연한 원칙이다.

하지만 이상하게도 같은 법 70조 4항에 의하면, 보상액을 산정하는 기준 금액은 사업지역 지정이 된 그해의 공시지가가 된다. 그 이전에 당해 사업에 대한 기대로 인해 땅값이 올랐더라도 그대로 보상한다는 것이다. 행복도시 예정지가 금년 5월 24일에 지정되었으므로 작년까지 오른 땅값은 보상금에 포함된다. 행복도시 예정지의 토지소유자는 작년까지의 불로소득이 포함된 보상금을 받아 행복한 파티를 열게 된다.

파티의 행복지수가 행정수도 위헌 소동으로 인해 오히려 올라갔다는 점은 아이러니이다. 작년에 제정되었던 행정수도특별법이 예정대로 집행되었다면 보상금 기준액은 작년의 공시지가가 되었을 것이고 보상금에는 그 전해인 2003년까지의 불로소득만 포함되었을 것이다. 그런데 위헌 결정으로 시간을 끌면서 2004년의 불로소득까지 보상금에 들어가게 되었다.

그런데도 사업지역의 토지소유자는 그리 행복해 보이지 않는다. 행복은 상대적이라더니, 사업지역 인근의 토지소유자는 더 큰 파티를 즐길 수 있기 때문이다. 인근 토지소유자는 땅을 내놓고 이주할 필요가 없는 데다가, 소유지의 땅값은 앞으로 더 오를 것이므로 더 많은 불로소득을 얻을 수 있다는 것이다.

이런 파티를 바라보는 국민의 마음은 불편하다. 보상금은 세금에서 지출되므로 불로소득까지 보상하면 국민은 허리띠를 더 졸라맬 수밖에 없다. 보상금과 무관하게도 토지에서 발생하는 불로소득은 결국 일반 국민의 희생으로 이어진다. 행복도시만이 아니라 전국 어디서든 불로소득 파티가 열리면 다른 국민의 행복지수는 내려갈 수밖에 없다.

　　운이 좋은 소수의 국민만이 아니라 모든 국민이 즐거워하는 파티가 되려면 전국 어느 곳에서든 토지불로소득을 환수하여 국민 모두의 이익으로 돌아가도록 해야 한다. 토지불로소득을 환수하는 만큼 다른 세금을 감면해준다면 이익이 국민에게 골고루 돌아가면서 일도 간편해진다. 토지불로소득이란 매입지가의 원리금을 초과하는 토지이익이다. 이런 초과이익을 환수하는 가장 이상적인 방법은 매년 지대 즉 토지임대가치에서 매입지가의 이자를 공제한 나머지를 환수하는 것이다.

　　'국토보유세'라고 부르는 이 수단은, 토지소유자에게 매입지가의 원금과 이자를 보장하므로 재산권을 침해하지 않는다. 지가든 세액이든 갑자기 큰 폭으로 변화하는 일이 없기 때문에 당장 전면실시해도 사회에 충격을 주지 않는다. 토지가치가 등락하면 세액도 저절로 그만큼 등락하기 때문에 개발이익의 환수만이 아니라 개발손실의 보상이라는 목표도 달성할 수 있다.

　　상식이 통하는 사회, 성실한 사람이 잘사는 사회를 위해 국토보유세는 선택이 아니라 필수다.

『한겨레』 2005. 12. 2.

토지소유 통계 발표, 조용하지만 큰 사건

행정자치부가 2005년 말 기준의 전국 토지소유 현황을 10월 3일자로 발표했다. 작년에도 비슷한 발표가 있기는 했지만, 이번 발표는 두 가지 점에서 의미가 크다. 하나는 개인별 및 세대별 소유 분포를 면적 기준과 가액 기준으로 제시하여 토지소유 편중도를 입체적으로 파악할 수 있다는 점이다. 또 하나는 앞으로 매년 이런 통계를 내서 '정부 부동산정보 알리미' 홈페이지(rimc.mogaha.go.kr)를 통해 국민에게 공개하겠다고 다짐한 점이다.*

* 홈페이지가 '온나라 부동산정보 통합 포털'(www.onnara.go.kr)로 바뀌었습니다. 그러나 토지소유 통계는 2005년과 2006년분 이후에 나오지 않고 있습니다. 2008년 5월에는 통계 결과를 공표하지 않기로 했다가 2009년 12월에는 공표 주기를 1년에서 5년으로 변경한 상태입니다. 왜일까요?

어느 나라 정부든 국민의 경제적 불평등을 나타내는 통계는 공개하지 않으려는 경향이 있다. 소외 계층의 불만을 자극해서 정치적 불안정으로 이어질 것으로 염려하기 때문일 것이다. 그러나 문제를 덮는다고 해서 해결이 되는 것은 아니다. 바로 알고 바로 대처하는 것이 올바른 방법이다.

그나마 소득 분포는 어느 정도 파악할 수 있으나 소득보다 더 중요하면서도 편중도가 더 심한 토지소유에 관한 통계는 어느 나라에서도 구하기가 쉽지 않다. 그런 의미에서 이번 정부 발표는 우리나라는 물론, 세계적으로 보더라도 획기적인 성과로 평가된다.

그런데도 일부 언론에서는 이번 통계가 과장되었다면서 불만을 표시했다고 하는데, 이해하기 어려운 반응이다. 해석을 각자 다르게 할 수는 있겠지만 통계 자체는 중립적이기 때문이다. 또 좋은 통계가 있다고 해서 바로 좋은 세상이 오는 것은 아니지만, 좋은 통계가 없으면 우리가 어디에 와 있는지를 아예 모른다는 점을 인식하기 바란다.

주마가편이라고, 앞으로 보강되기를 희망하는 사항 두 가지만 지적해 두고 싶다. 첫째로, 토지소유 통계에 더하여 토지불로소득 통계도 추가되어야 한다. 우리 헌법은 사유재산제를 보장한다. 노력과 기여의 대가를 보장하여 정의롭고 효율적인 사회를 만들기 위해서다. 따라서 사유재산제를 제대로 확립하려면 노력과 기여의 대가가 아닌 불로소득, 그 중에서도 가장 악성의 불로소득인 토지불로소득이 누구에게 얼마나 귀속되는지를 파악해야 한다.

토지불로소득이란 토지소유 이익(지대＋매각지가)에서 토지소유 비용(매입지가+그 이자)을 뺀 금액으로 정의되는데, 우리나라에는 전국 토지에 대한 지대 자료가 없기 때문에 정의에 충실한 토지불로소득 통계를 내기는 어렵다. 당분간은 매각지가와 매입지가 간의 지가차액 즉 소위 '자본이득'을 계산하는 수밖에 없을 것이다.

과거의 매입지가를 잘 몰라서 자본이득을 계산하기 어렵다면, 현재 양도소득세 과세를 위해 추정하는 방법을 준용하면 된다. 금년부터는 부동산 실거래가격을 등기부에 기재하고 있으므로 앞으로는 자본이득을 파악하기가 더욱 쉬워진다. 통계가 여러 해 누적되면 1년 이상의 기간 동안 실현된 자본이득 및 발생한 자본이득의 분포도 낼 수 있을 것이다.

둘째로는, 분배문제 연구에서 흔히 쓰이는 방식대로 토지소유 통계를 백분위·천분위로(상위 5%에 대해서는 만분위도) 내주면 좋겠다. 이번 발표에서는 토지소유자를 상위 '2천 명 미만'에서부터 '1천만 명 이상'까지 10개 구간으로 나누어 분포를 표시하고 있다. 이런 방식도 이해가 쉽다는 장점이 있기는 하지만 다른 분포와의 비교 또는 시계열적인 비교를 위해서는 백(천, 만)분위 분포도 추가하는 것이 좋겠다. 아울러, 토지소유자만이 아니라 토지를 소유하지 않은 개인 또는 세대를 다 포함하는 분포도 같이 낸다면 전체 그림을 파악하는 데 더 도움이 된다.

『한겨레』 2006. 10. 13.

부동산정책 실패, 누가 돌을 던지나

'정책 실패'라는 말이 자주 들린다. 경기도 좋지 않은 가운데 세금을 꼬박 꼬박 내면서 좋은 정책이 나오기를 기대하는 국민으로서는 화가 날 수밖에 없다. 그러나 화를 옳게 삭이려면 정책 실패의 책임이 누구에게 있는지를 한번 생각해보는 것이 좋겠다.

정책에 영향을 미치는 주체를 크게 둘로 나누면 내부에서 정책의 수립과 집행을 담당하는 정책 당국과 외부에서 영향을 미치는 외부주체가 있다. 외부주체는 정치권, 언론, 전문가, 이익집단, 국민 등 다양하다. 정책 실패의 일차적 책임은 정책 당국에 있지만, 정책 참여자가 다양한 만큼 다른 주체의 책임도 따져볼 필요가 있다.

국민이 제일 크게 화를 내는 대상인 부동산정책을 예로 들어 따져보

자. 부동산 문제의 핵심은 투기이므로 투기를 못 잡으면 정책 실패가 된다. 참여정부가 여러 차례 부동산정책을 내놓았는데도 최근에 대규모 투기가 일고 있다. 이번 투기는, 정책을 수립하고 발표까지 했지만 본격적으로 집행도 하기 전에 발생하였다. 학술적으로는 집행하지 않은 정책의 성패를 판정하지 않지만, 정치권은 물론이고 국민정서도 실패라고 단정하고 있는 듯하다.

이 결과에 대해 정책 당국은 어떤 책임이 있는가? 투기는 불로소득 때문에 생긴다는 사실은 누구나 알고 있다. 그러므로 투기를 막으려면 불로소득을 없애면 된다. 그런데 현재의 정책은 불로소득에 정조준을 하지 않아 명중률이 낮다. 또 명중하더라도 다치기는 하지만 치명상을 주지 않는 무딘 총알을 쓰고 있다. 그래서 아무도 투기를 포기할 정도로 정책을 무서워하지 않는다.

또 정책의 목표를 투기를 잡는 데 두지 않고 집값을 잡는 데 두었다. 정책 당국은 아마도 이 두 목표가 같은 것이라고 오해한 듯하다. 불로소득을 제거하면 투기가 사라져서 시장에는 저절로 실수요만 남는다. 그런데 현 정책은 불로소득을 상당 부분 그대로 둔 채 집값을 잡는다면서 공급을 확대하려고 한다. 실수요를 확인하지 않은 채 공급을 확대하는 것은 무모한 정책이고 자칫 공급과잉 사태를 야기하여 경제 전반에 큰 피해를 줄 수 있다. 이런 점에서 정책 당국은 책임을 면할 수 없다.

한편, 정책의 외부주체는 책임이 없는가? 정치권, 특히 차기 집권 가능성이 높아 보이는 한나라당은, 집권하면 총알을 더 무디게 만들거나 아예 총을 쏘지 않을 듯한 태도를 보이고 있다. 이것은 1년 남짓간 버티면 된다고 투기자에게 외치는 것과 같다. 이런 상황에서 현 정책의 약발이 제대로 먹힐 리가 없다.

다수의 언론, 전문가, 이익집단은 "시장원리에 충실하라"고 하면서, 부동산 중과세 정책을 '세금 폭탄'이라고 비난한다. 공급물량이 가수요자의 추격매수 대상이 되고 있는데도 "가수요도 수요"라고 하면서 공급을 확대하라고 한다. 실수요가 자연스럽게 드러나는 시장을 조성하고 그런 시장의 기능을 존중하는 것이 시장원리다. 그런데 이들의 주장은 지금처럼 비정상적인 시장에 맡기라는 것이다. 건설사와 투기자를 위해 판을 만들어주자는 말과 무엇이 다른가? 그러나 이들의 강력한 입김이 정부 내의 인위적 경기부양론에 힘을 실어 '묻지마 공급'이라는 이해할 수 없는 정책을 탄생시켰다.

그렇다면, 우리 국민은 어떤가? "투기는 망국병이고 반드시 근절해야 한다"는 원론에 대다수 국민이 공감하면서도 "투기판을 만든 사람이 잘못이지 국민이 무슨 잘못인가?" 하고 생각하는 분이 적지 않을 것이다. 그러나 부동산 세금이 늘어나는 데 대해 저항을 하지는 않는지? 재건축의 속셈이 새집보다는 불로소득을 얻자는 데 있지는 않은지? 투기야 일어나건 말건 분양가는 무조건 싸야 한다고 생각하지 않는지? 오히려 투기판이 벌어지기를 은근히 바라지는 않는지? 만일 그렇다면 우리 국민도 정책 실패의 책임을 일부라도 같이 져야 하지 않을까?

정책 실패, 누구의 책임인가? "너희 중 책임 없는 자, 정책 당국을 돌로 쳐라."

『경향신문』 2006. 11. 23.

정책은 매번 정답을 피해 간다

주거 수요가 갑자기 늘어난 것도 아닌데 최근 수도권의 집값이 급등하였다. 이처럼 부동산 가격이 단기간에 급등하는 현상은 부동산시장의 특수성 때문이다. 그 원인과 대책을 생각해보자.

부동산은 건물과 토지로 구성되지만 부동산 가격은 주로 토지 가격에 의해 영향을 받는다. '부동산' 하면 아파트를 떠올리는 사람이 많고 아파트 가격이 건물 평당 가격으로 매겨지기 때문에 마치 건물이 큰 영향을 주는 것처럼 오해하기도 한다. 그러나 새 건물 가격은 건축비를 바탕으로 해서 결정되었다가 시간이 지나면서 가치가 하락할 뿐이다. 품질이 같은 아파트도 위치에 따라 가격이 엄청난 차이를 보인다는 사실을 생각하면 건물이 아니라 토지가 핵심이라는 점을 쉽게 이해할 수 있다.

토지 가격에는 지대와 지가, 두 종류가 있다. 지대는 일정한 기간 토지사용자가 누리는 유리함을 나타내는 가격으로서 토지의 임대가치와 같다. 일상생활에서는 전세금, 보증금과 월세, 완전 월세 등의 모습으로 나타난다. 지가는 토지의 매매가격으로서, 여러 요인에 의해 결정된다. 정상적인 시장에서 지가는 미래의 지대와 같은 방향으로 변화하고, 이자율 및 토지세율과는 반대 방향으로 변화한다. 이런 원리에 따르면, 1990년대에 비해 지금의 이자율이 반 정도이므로 지가가 두 배 정도 오르는 것은 전혀 이상하지 않다.

이자율의 하락에 의한 지가 상승은 막을 수도 없고 막아서도 안 된다. 그러나 지가가 상승하면 무주택자는 괴롭다. 집을 사기 위해 마련해야 하는 목돈이 늘어나기 때문이다. 대출을 내어 목돈을 지불하더라도 결국 원금을 갚아야 하고 또 이자율이 오르기라도 하면 부담이 더 늘어난다. 더 좋은 집으로 이사하려는 사람도 역시 같은 고민을 안게 된다. 전세금도 이자율과 반대 방향으로 움직이므로 같은 문제를 가지고 있다.

그러므로 이자율과 무관한 가격, 예를 들면 월세를 납부하는 조건으로 집을 사거나 빌릴 수 있는 장치를 마련하면 문제가 해결된다. 요즘 많이 거론되는 '토지임대-건물분양' 또는 '토지임대부 주택'이 그것이다. 공공이 택지를 조성하는 경우에, 건물은 매각하더라도 토지는 임대하는 방식이다. 입주자는 목돈 부담이 없어서 좋고 정부는 토지불로소득을 환수할 수 있어 좋다.

한편, 현실의 지가 변화를 설명하려면 현실 토지시장의 특성을 고려해야 한다. 현실 토지시장처럼 불확실성이 높은 시장은 시장참가자의 '상호참조성'이라는 특징을 가진다. 정보가 매우 부족한 상태에서는 사람들이 서로 눈치를 보게 된다는 것이다. 남들이 움직이지 않는 한 자신도 좀처럼 움직이지 않으려고 하고 그 때문에 금리 변화가 지가에 반영되기까지 상당한 시간이 걸리기도 한다. 우리나라에서도 IMF 위기가 해소된 후 금리가 급격하게 하락했지만 부동산 가격은 상당한 시차를 두고 영향을 받았다.

그러나 '상호참조성'은 이와 반대의 결과를 낳기도 한다. 어떤 믿을 만한 신호에 의해 시장이 한번 움직이기 시작하면 급물살을 이룰 수 있다. '저쪽에 무언가 있다'는 듯이 사람들이 달려가면 다른 사람들도 그쪽으로 우르르 몰려가는 '쏠림 현상'이 나타난다는 것이다. 지가가 부드럽게 변화하지 않고, 상당 기간 잠잠하다가 단기간에 한꺼번에 오르고 다시 상당 기간 잠잠해지는, 소위 '계단식' 변화를 보이는 이유가 바로 여기에 있다.

여기서 사람들을 몰고 다니는 '신호'는 물론 토지불로소득이다. 정상적인 토지시장에서는 미래의 모든 손익이 현재의 지가에 다 반영되기 때문에 불로소득이 존재하지 않는다. 그러나 현실에서는 사회 변화에 대한 인간의 예측능력이 높지 않기 때문에 미래의 손익이 지가에 제대로 반영되지 않고, 그 결과 토지불로소득이 만성적으로 또 대규모로 발생하는 수가 많다.

더구나 토지는 존재량이 일정하기 때문에 토지시장은 일반시장과는 달리 수요가 늘어난다고 해서 공급이 늘어나는 일이 없다. 불로소득을 얻을 수 있다고 사람들이 생각하게 되면 땅을 사려는 사람은 늘어나는 반면 팔려는 사람은 오히려 줄어든다. 그래서 쏠림 현상이 더욱 증폭되고 가격 폭등(때로는 폭락) 현상도 더 심해진다.

인간의 예측능력이 부족하고 토지의 존재량이 일정한 것은 정책으로 어떻게 해볼 수 없는 주어진 조건이므로, 지가의 폭등 또는 폭락을 막으려면 토지불로소득을 환수하는 정책을 쓰는 것이 정공법이다. 토지불로소득을 환수하는 제일 좋은 수단이 균일한 세율로 지대를 환수하는 토지보유세라는 사실은 잘 알려져 있다. 이런 세금을 '지대세'라고 한다. 그러므로 지대세를 높이는 동시에 다른 세금을 깎아주는 세제개편 즉 '패키지형 세제개편'이 필요하다. 이렇게 하면 궁극에는 '토지임대-건물분양' 방식을 전국의 모든 토지에 적용하는 것과 사실상 같은 결과가 된다.

그런데 지가는 세금과 반대 방향으로 움직이므로, 지대세율을 갑자기 인상하면 지가가 폭락할 염려가 있다. 이런 문제를 피하려면 세율을 서서히 인상할 수밖에 없는데 그 때문에 부동산 문제도 단기간에 해결되지 않고 시간이 걸릴 수 있다. 그래서 '국토보유세' 방식도 유력한 대안이 된다. 국토보유세는 토지소유자가 토지를 살 때 치른 매입지가의 이자를 지대에서 공제한 후 잔액을 징수하는 세금이다. 지대에서 이자를 공제한다고 해서 '지대이자차액세'라고도 한다. 이런 세금을 매기면 토지불로소득이 환수되면서도 지가는 매입지가 수준으로 일정하게 유지된다. 따라서 단기간에 도입해도 사회에 충격을 주지 않는다. 토지소유자도 매입지가의 원금과 이자를 보장받기 때문에 저항할 명분이 없다. 더구나 시간이 지나면서 지대가 상승하게 되면 지대 환수율이 저절로 높아져서, 지대세율을 점진적으로 인상하는 것과 같은 결과가 된다.

이처럼 정답은 이미 다 나와 있다. 그런데 정책은 왜 매번 정답을 피해 가는 걸까? "인간은 모든 다른 가능성이 소진했을 때 비로소 이성적이 된다"는 풍자가 부동산정책에도 해당되는 모양이다.

『시민과 언론』(민주언론시민연합) 2006년 11–12월호

땅으로 장난치지 못하게 하려면

환경에 대한 경각심이 높아짐에 따라, 환경을 혼자만의 것인 양 사용하거나 훼손하는 자에게 환경규제나 환경세 등 부담을 지워야 한다는 인식이 폭넓은 공감대를 형성하고 있다. 환경과 땅 사이가 팔촌쯤은 된다고 생각하는 분이 많겠지만, 인간에게 천부된 삶의 터전이라는 점에서 환경과 땅은 다르지 않다. 땅은 환경의 일부일 뿐이다. 그러므로 환경원리는 곧 토지원리이고 토지원리는 곧 환경원리가 될 수밖에 없다.

환경원리와 토지원리가 다르지 않다면, 토지에 대해 다른 사람을 배제하고 우선권을 행사하는 자에 대해서도 이용규제를 부과하는 동시에 우선권의 대가를 징수하여야 한다. 그런데도 주인이 따로 없는 환경과는 달리 이미 사유화되어 있는 토지에 대해서는 이런 원리가 잘 적용되지 않

2부 노무현 시대의 글 싸움

고 있다. 이해관계에서 생기는 거부감과 관습에서 생긴 단순한 편견이 함께 작용하기 때문이다.

이런 간단한 원리를 준수하지 않기 때문에 오늘날 온갖 토지문제가 발생한다. 특히 토지투기가 커다란 사회문제로 대두되고 있다. 토지투기를 예방 또는 해결하는 방법은 간단하다. 원리에 충실하면 된다. 즉 토지우선권의 대가는 지대로 표시되므로 지대를 매년 환수하면 된다. 이런 환수액을 '지대세'라고 부를 수 있다. 다만, 지금과 같은 상황에서 지대세율을 일거에 고율로 책정하면 매매가격 즉 지가가 폭락하기 때문에 사회에 충격을 줄 수 있으므로, 그 세율을 서서히 높여가면 된다.

지대 환수가 목표치로서는 좋은 제도라고 해도, "지가를 지불하고 토지를 매입한 사람의 재산가치가 사라지는 것은 불공평하다"고 생각하는 사람도 있을 것이다. 그러나 지대세를 여러 해에 걸쳐 점진적으로 도입하면서 그 수입에 상응하여 다른 세금을 감면하는 내용으로 세제를 개편한다면 불공평 감정은 많이 줄어들 것이다.

그럼에도 불구하고, 국민이 "현 토지소유자에 대한 배려가 필요하다"고 합의한다면, 매입지가에 대한 이자를 지대에서 공제하고 나머지만 징수하면 된다. 이런 세금을 '지대이자차액세' 또는 '이자공제형 지대세'라고 부를 수 있다. 토지소유자가 지대이자차액세를 납부하면 토지소유의 이익은 그 공제액인 이자뿐이므로 지가는 그 이자에 대한 원금 수준에서 일정하게 유지된다. 이처럼 토지소유자가 매입지가의 원리금을 보장받는다면 불공평성 시비는 완전히 해소된다.

토지소유자가 자신의 생산적 노력 및 투자와는 무관하게 단순히 토지를 소유한다는 이유만으로 매입지가의 원리금 이상의 이익을 얻는다면 그 초과액은 당연히 불로소득이다. 그러므로 지대이자차액세는 토지불로소득과 정확하게 일치한다. 투기는 불로소득을 얻으려는 행위이므로 지대이자차액세를 징수하면 토지투기는 당연히 사라진다. 이런 이치에 비추어보면, 우리 사회가 부동산 문제에 대처하는 방식은 원론과 상당한 거리가 있다는 사실이 드러난다. 두 가지만 같이 생각해보자.

첫째로, 자연물인 토지와 생산물인 건물(또는 시설물)을 구별하지 않는다는 점이다. 부동산투기가 아파트를 대상으로 하여 많이 일어났고 아파트 가격이 건물면적 기준으로 표시되므로 많은 사람이 건물이 투기 대상인 것처럼 생각하기도 하지만 이것은 착시 현상이다. 아파트 가격의 차이는 주로 토지에서 생긴다. 예를 들어 지방의 아파트 단지를 그대로 서울 강남지역에 옮겨 놓으면 아파트 가격이 올라간다. 그런데 이때 달라지는 것은 건물이 아니라 토지이므로 상승하는 것도 건물 가격이 아니라 토지 가격이다.

또 어느 아파트 단지에서 모든 건물이 하루 사이에 사라지고 대지만 남았다고 가정해보자. 이때 대지의 가격은(건물이 사라졌기 때문에 0이 되는 것이 아니라) 종전 아파트 전체 가격에서 종전 건축물의 잔존가치를 뺀 것과 같다. 그런데 재건축의 경우처럼 새로 지을 아파트의 용적률이 전보다 높아진다면 대지가격이 올라간다. 이런 점을 생각하면 공공주택 공급방식도, 토지는 임대하여 가치를 환수하고 건물은 그 생산자가 자유롭게 처분할 수 있도록 하는 방식 즉 '토지임대-건물분양'이 원리에 가장 충실한 방식이라는 결론이 나온다.

둘째로, 불로소득 환수보다 가격 안정을 우선 목표로 삼는다는 점이다. 부동산 문제는 주로 가격이 급상승할 때 정치문제로 부각되고 서민도 괴롭기 때문에 가격 안정이 관심의 대상이 되는 것은 이해할 수 있다. 그러나 가격 안정은 직접적인 관리 대상이라기보다 불로소득 환수와 적정한 공급에 의해 자연스럽게 나타나는 결과가 되어야 한다.

부동산 매매가격은 정상가격과 투기가격으로 이루어진다. 이 중 정상가격은 억제의 대상이 아니다. 정상가격은 미래의 지대와 같은 방향으로 움직이고 이자율과 세금과는 반대 방향으로 움직이는데, 부동산 가격을 안정시키기 위해 지대와 이자율에 인위적으로 개입하면 시장이 왜곡되어 큰 부작용이 생길 수 있다. 그렇다고 해서 다른 방법으로 가격을 잡으려고 하면 거래 규제, 가격 통제 등 시장을 제약하는 수단을 동원하게 되는데 이런 수단은 어쩔 수 없는 상황이 아니면 피해야 한다.

반면, 투기가격은 차단해야 한다. 투기가격이란 가수요에 의해 형성되는 가격이다. 가수요란 불로소득에 대한 기대로 인해 존재하는 투기 수요를 말한다. 따라서 불로소득을 없애면 투기 수요가 사라지고, 투기 수요가 없으면 투기가격도 사라진다. 특히 불로소득을 노리는 투기적 시장에서는 참가자가 서로 남의 눈치를 보면서 한쪽으로 쏠리는 경향이 있어 단기간에 가격을 크게 등락시켜 더 큰 사회문제를 일으킨다. 불로소득을 없애면 매매가격의 급등락 문제도 해결된다.

집값 잡기가 중심문제로 대두됨에 따라, 원가연동제나 분양가상한제 등 과거에 사용해봤던 방식 외에 공급가격을 낮추기 위한 여러 방안이 제시되고 있다. '분양원가 공개제', '환매조건부 주택', '반값 아파트' 등이 그 예가 된다. 경실련이 주로 주장해온 '분양원가 공개제'는 건설사의 폭리를 막아 분양가를 낮추자는 것이다. 환경정의가 제안한 '환매조건부 주택'은 조성원가를 기준으로 분양가를 책정하면서 처분권을 제한하는 방식이다. 홍준표 의원이 제시한 '반값 아파트'는 토지임대-건물분양의 한 변형이지만 불로소득 환수보다는 공급가격 낮추기에 초점을 맞춘 방식이다.

물론 이렇게 해서라도 공급가격이 정상가격에 가까워진다면 좋겠지만 이들 방안의 의도는 두 가격을 일치시키는 데 있는 것이 아니라 단지 공급가격을 낮추는 데만 있다. 그래서 공급가격이 정상가격보다 낮아진다면 그 차액이 최초 분양자의 불로소득으로 돌아간다. 또 공급가격이 시가보다 낮고 환매조건이 붙지 않는다면 전매 단계에서도 불로소득이 생긴다. 즉 공급가격을 낮추는 이익이 사회에 돌아가는 것이 아니라 최초 분양자에게 돌아간다는 것이다.

특별한 사정이 없다면 최초 분양자라는 이유만으로 불로소득을 얻게 해서는 안 될 것이다. 그렇다면 답은 자명하다. 토지불로소득을 환수하는 장치를 통해 시장에서 정상가격이 형성되도록 하되, 정상가격조차도 부담이 되는 서민에 한해서만 복지 차원에서 가격을 낮추어주는 것이 옳다.

한편, 주택가격을 안정시키기 위해 공급을 확대해야 한다는 주장도 많다. 물론 공급은 중요하지만, 실수요에 맞는 공급이 필요할 뿐 가수요까지 충족시키는 공급은 옳지 않다. 강남 집값을 잡는다고 시작한 판교 개발이 오히려 투기의 불쏘시개가 된 사례를 우리는 분명히 보았다. 공급을 제대로 확대하기 위해서도 토지불로소득의 환수가 반드시 필요하다.

또 불로소득이 없다면 투기 목적으로 두 채 이상의 주택을 소유하지 않을 것이고, 한 채의 경우에도 필요 이상으로 큰 주택을 소유하지 않게 된다. 즉 신규 건설 없이도 주택시장에 공급이 늘어나는 것과 같은 효과가 난다는 것이다.

되풀이하지만, 땅으로 장난치지 못하게 하려면 모든 사람이 마음속으로 알고 있는 상식적인 토지원리로 돌아가면 된다.

『우리와 다음』(환경정의) 2007년 1-2월호(통권 제43호)

토지보상의 딜레마

정부는 6일 경제정책조정회의에서 '토지보상제도 개선방안'을 마련했다고 한다. 보상금 규모를 줄이고 현금보상 비중도 축소하는 게 핵심이다. 행정도시, 신도시 등 대형개발사업의 보상금이 한꺼번에 풀려 경제를 교란하고 또 부동산에 다시 유입되어 투기를 유발할 것을 염려해서라고 한다. 보상금의 재원 마련도 물론 걱정이 되었을 것이다.

여러 조치 가운데 기자가 주목하는 것은 보상금을 계산하는 기준 시점을 사업인정 고시일에서 주민열람 공고일로 바꾼 것이다. 신도시 등 공공개발사업을 하려면, 계획을 입안하여 주민에게 열람시킨 후 여러 절차를 밟아 사업을 인정하고 그 후에 사업자가 토지를 보상한다. 지금은 보상금 기준 금액을 정부가 사업을 인정하는 해의 공시지가로 하는 데 반해 앞으로는 계획을 주민에게 열람시키는 해의 공시지가로 한다는 것이다. 이렇게 하면 대체로 1년 정도 기준 시점이 앞당겨진다고 한다.

신도시 등 공공사업을 한다는 정보가 있으면 땅값이 급속하게 오른다. 그런데 기준 시점을 앞당기면, 당해 사업의 영향을 받아 오른 땅값을 그만큼 덜 보상해도 된다. 당해 사업으로 인한 지가 상승분은 불로소득이므로 국민의 세금으로 마련하는 보상금에서 제외하는 것은 너무나 당연하다는 점에서 좋은 결정이라고 본다.

그러나 이 기회에 토지보상에 대해 좀 더 근본적으로 생각해보자. 토지보상의 근본 취지는 원소유자가 '종전과 다름없는 생활'을 할 수 있도록 해주자는 데 있다. 그러므로 가장 좋은 보상방법은 그 인근지역에 비슷한 토지로, 즉 농지는 농지로, 택지는 택지로 보상하여 종전처럼 생활할 수 있게 해주는 것이다.

그런데 현실에서는 인근지역에 나누어줄 땅이 그렇게 많지 않을 수도 있고, 개발사업으로 땅값이 올랐는데 동일한 면적을 주는 것도 문제다. 그래서 금전으로 보상하거나, 토지구획정리사업이나 재개발사업에서처럼 가치가 비슷한 땅이나 부동산을 주는 환지/환권 방식을 쓰게 된다.

현금보상이든 환지/환권이든 '종전과 다름없는 생활'이라는 관점에서는 문제가 있다. 1천 평 농사짓던 사람이 보상을 받으면 그 보상금으로 인근에 농지 1천 평을 살 수 없다. 이미 보상금 이상으로 올라버렸기 때문이다. 환지를 받는 경우에도 당연히 면적이 줄어든다. 농지를 재산으로 보지 않고 일터로만 보는 사람은 면적이 줄어 곤란해진다. 그렇다고 해서 1천 평을 다 줄 수도 없는 노릇이다. 임대를 한다면 몰라도 소유권을 주면 언제라도 처분할 수 있기 때문에 막대한 불로소득이 사유화된다.

이것이 토지보상의 딜레마다. 종전과 다름없는 면적을 주면 재산가치가 늘어나고 재산가치를 동일하게 하면 면적이 줄어든다. 부모를 따르자니 사랑이 울고 사랑을 따르자니 부모가 우는 격이다. 이런 딜레마에서 벗어나는 방법은 없을까? 현재와 같이 토지에 대한 절대적 소유를 인정하는 사유재산제에서는 없다. 그러나 인간이 노력하여 생산한 것에만 절대적 소유를 인정하는 진정한 사유재산제에서는 쉽게 해결된다.

진정한 사유재산제라면, 토지사용권은 강하게 보장할 수 있지만, 생산물과 같은 정도의 절대적 소유권을 토지소유자에게 주어서는 안 된다. 특히 토지가치는 토지의 자연적 조건, 사회경제적 특성, 정부의 조치 등 토지소유자의 노력과 거의 무관하게 결정되므로 토지소유자의 것이 될 수 없다. 즉 토지가치는 공동체에 귀속되어야 한다.

토지가치를 공동체가 환수하는 가장 좋은 방법은 토지보유세다. 매년 토지의 임대가치 즉 지대를 징수하면 된다. 이런 세금을 '지대세'라고 한다. 지대세를 부과하면 토지의 매매가치 즉 지가는 0이 된다. 목돈을 지불하고 토지를 매입한 현 토지소유자를 보호하려면 매입지가의 이자를 공제하고 나머지 지대만 징수하면 된다. 이를 '이자공제형 지대세'라고 하는데, 이런 방식을 쓰면 현재의 토지소유자는 매입지가의 원금과 이자를 보장받게 된다. 지대세와 이자공제형 지대세는 '토지정의시민연대'에서 여러 해 전부터 목표치로 제시해온 제도이다.

이런 제도가 현실화되어 모든 토지소유자가 지대세를(또는 이자공제형 지대세) 납부한다고 가정해보자. 공공사업에 의해 토지가 수용되는 사람은 자신에게 가장 적합한 보상 방식을 선택하면 된다. 현금보상을 원하면, 정부는 보상금을 산정하는 기준 시점을 따질 필요도 없이 매입지가를 보상하면 된다. 반면 땅을 받기를 원한다면, 종전과 같은 면적을 원하는 사람에게는 정부가 그에 상응하는 지대세를(또는 이자공제형 지대세를) 부과한다는 조건하에 그 면적만큼 구해주면 된다. 종전과 같은 지대세를(또는 이자공제형 지대세를) 납부하고 싶어한다면, 정부는 상응하는 면적만큼만 구해주면 된다. 그 외의 조합도 가능하다.

지대세나 이자공제형 지대세는 생소한 세금이어서 얼른 이해가 안 될 수도 있으므로 비유를 들어보자. 지대세를 징수하면, 마치 토지소유자가 땅의 진짜 주인인 공동체로부터 보증금 없이 토지를 임차하여 쓰는 것과 같게 된다. 이자공제형 지대세를 징수하면, 토지소유자는 매입지가만큼을 보증금으로 내고 그 이자를 공제한 나머지를 임차료로 지불하는 것과 같게 된다. 이런 사회에서는 토지보상의 딜레마가 생기지 않는다. 공동체에서 땅을 회수하면 토지소유자에게 보증금을 돌려주면 되고, 토지소유자가 돈보다 땅을 원한다면 다른 토지의 취득을 희망대로 주선해주면 된다.

이처럼, 토지보상의 딜레마는 진정한 사유재산제에 부합하지 않는 제도로 인해 생김을 알 수 있다. 원론에서 벗어나면 해결할 수 없는 문제가 생긴다는 사실을 보여주는 또 하나의 예다. 루소는 『인간불평등 기원론』에서, 불의한 토지사유제가 불평등의 원인이라고 갈파한 바 있다. 불의한 토지사유제는 토지투기를 일으켜 국민을 끊임없이 괴롭힐 뿐 아니라, 토지보상 문제까지 꼬이게 만든다.

『오마이뉴스』 2007. 7. 9.

토지임대부 주택이 실패했다고?

최근 몇 년간 여러 가지 부동산 대책이 쏟아졌고, 최근에는 소위 '반값 아파트' 방식이 경기도 군포지역에서 시범적으로 실시되었다. 시범 아파트에 대한 청약률이 낮게 나타나자 청와대와 정치권의 책임 공방이 이어지고 언론에서도 크게 다루었다. 그런데 최근의 주택문제는 수도권에 국한되었고 시범 실시도 수도권에서 이루어졌기 때문인지 우리 지역에서는 별 관심이 없어 보인다. 그러나 우리가 강 건너 불처럼 보고만 있을 일은 아니다. 우리나라 전체 부동산 문제의 미래와 깊은 관련이 있기 때문이다.

최근 언급되는 '반값 아파트'는 토지임대부와 환매조건부 방식으로 공급되는 아파트를 말한다. 토지임대부 아파트는 건물만 매각하고 토지는 임대하는 아파트다. 우리나라에서는 토지정의시민연대가 처음 제시한 아이디어인데 스웨덴 등 여러 나라에 사례가 많다. 입주 전에 납부하는 금액은 건물 대금뿐이므로 분양가는 반값처럼 보이지만 실은 반값이 아니다. 입주 후에 토지임대료를 월세로 납부하기 때문이다. 그래서 한나라당 홍준표 의원이 '반값 아파트'라는 이름으로 이 방식을 추진하자 포퓰리즘이라는 비난이 일기도 했다.

환매조건부 아파트는 토지와 건물을 함께 분양하지만 20년 동안 전매할 수 없는 아파트다. 그 기간 안에 매각하고 싶으면 공급자가 도로 산다고 해서 환매조건부라는 이름이 붙었다. 싱가포르에서 많이 사용하는 방식이다. 이 아파트는 '반값'과는 아무 관련이 없고 오히려 홍준표 의원의 제안을 비판한 열린우리당 이계안 의원이 제안했는데, 어떤 이유인지 최근 논쟁에서는 이것까지 도매금으로 '반값 아파트'라고 부르고 있다.

시범 아파트 청약률은 토지임대부가 약 10%, 환매조건부가 약 20%에 그쳤다. 이를 두고 천호선 청와대 대변인은 "무책임한 〔정치권의〕 한 건주의 정책의 결과로, 앞으로 정책 수립 과정에서 경계해야 할 대목"이라고 비판했다. 그러자 새로운 주택공급방식이 실패인가, 실패라면 누구의 탓인가를 두고 논란이 일고 있다.

반값 아파트 '실패'는 정책 집행의 실패

이걸 실패라고 한다면, 정책 내용의 실패가 아니라 정책 집행의 실패다. 두 방식 모두 부동산 불로소득의 차단에 목표를 두고 있는데, 이 목표를 잘못이라고 하는 사람은 없을 것이다. 그렇다면 정책 수단이 잘못된 것일까? 부동산 불로소득 차단이 목표라면, 신규 주택의 경우 두 방식보다 더 나은 수단을 찾기 어렵다. 토지임대부 주택은 부동산 불로소득이 발생하는 근원인 토지를 아예 분양하지 않는 방식이므로 가장 확실한 수단이다. 환매조건부 주택은 20년 안에는 공급자가 환매권을 행사할 수 있기 때문에 그동안에는 전매차익을 방지할 수 있는 수단이다. 즉 정책의 내용인 목표도 수단도 별 잘못이 없다는 것이다.

그렇다면 정책의 집행 과정을 살펴야 한다. 국민이 부동산에서 불로소득을 얻는 데 익숙해 있는데, 특정 아파트에서만 불로소득을 얻을 수 없다면 그런 아파트가 인기를 얻을 수 없는 것은 당연하다. 그러므로 새로운 공급방식이 제대로 정착하려면 모든 부동산에서 불로소득이 생기지 않는 장치를 해두거나, 적어도 앞으로 공공택지에서 신규 공급하는 모든 주택에는 새로운 공급방식을 적용하겠다고 확약해야 한다. 그것도 아니면 불로소득에 대한 기대를 포기하면서 새로운 방식으로 공급되는 주택을 선택하는 사람에게 인센티브라도 주어야 한다.

그런데 이번 주택 공급에서는 어느 조건도 충족시키지 않았다. 심지어 인센티브를 주기는커녕 오히려 청약자를 불리하게 만든 측면마저 있다. 계산이 쉬운 환매조건부 주택을 예로 들어보자. 환매조건부 주택은 처분권이 제한된다는 점에서 본질적으로 임대주택과 비슷하다. 그렇다면 분양가는 당연히 전세금 수준이어야 한다. 인센티브까지 준다면 전세금보다도 다소 싼 분양가를 책정했어야 한다. 그런데 주변 매매시세의 90%로 분양가를 책정했으니 실패를 자초한 것이 아닌가?

금융실명제를 시범 실시했다면 역시 실패

금융실명제와 비교해보면 이번 사태를 더 쉽게 이해할 수 있다. '반값 아파트'처럼 금융실명제 자체는 목표도 수단도 좋은 정책이다. 그러나 본격적인 도입 전에 일부 지역에서만, 예를 들어 서울의 강남에서만 시범 실시해보았다고 가정하자. 강남 주민이 다른 지역에서 금융거래를 제약 없이 할 수 있었다면 강남의 금융거래는 격감했을 것이다. 기존 금융계좌 이용도 줄었겠지만 신규 개설은 더욱 드물었을 것이다. 무슨 숨겨야 할 비리가 있어서가 아니라 대체로 돈은 햇빛을 싫어하기 때문이다.

그렇다면 이 결과를 보고 금융실명제는 실패이며 무책임한 한건주의 정책이라고 할 수 있는가? 이런 결과가 나온 원인은 실시지역이 제한되어 있다는 점, 그리고 시범지역에서 금융거래를 하는 경우에도 별다른 혜택이 없다는 점에 있을 뿐이다. '반값 아파트'의 경우도 다르지 않다.

두 방식 중에서 환매조건부 방식은 약점이 있다. 환매권이 20년 후에 완전히 사라지면 다시 투기의 대상이 될 수 있기 때문이다. '20년 지난 낡은 집이 무슨 투기 대상이 되나?' 하고 생각하는 분은 대한민국 부동산 투기 1번지인 강남 소재 아파트의 수명을 보기 바란다. 아니 멀리 갈 것도 없이 20년 지난 대구의 아파트도 값이 오르면 올랐지 내리지 않는다는 사실을 보면 된다.

그렇다면 토지임대부 주택이 정답이다. 부동산 불로소득을 완전히 차단할 수 있기 때문이다. 정부는 앞으로 공공택지와 일정 규모 이상의 택지에서 공급하는 주택은 모두 이 방식으로 한다는 방침을 확고히 하면서, 초기에는 입주자에게 다소간의 인센티브를 부여하여야 한다. 그래야 주택을 재테크 대상에서 거주 대상으로 원위치시킬 수 있다. 개혁이란 기발한 아이디어를 실천하는 것이 아니라 바로 소박한 원론으로 돌아가는 것이다.

『평화뉴스』 2007. 11. 5.

연례행사, 종합부동산세 흔들기

종합부동산세(이하 종부세) 계절이 돌아오자 일부 언론과 정치권에서는 연례행사처럼 또 흔들기를 하고 있다. 언론사는 개인기업이니까 그렇다 치더라도 정치권, 특히 대선 후보가 종부세 후퇴를 거론하는 것은 이해하기 어렵다. 표를 가진 대다수 국민은 '나도 종합부동산세 좀 내봤으면 좋겠다'고 부러워하면서 누구를 위한 후퇴인지 의심하고 있다. 정치인은 표가 부자에게서만 나온다고 생각하는 모양이다.

또 요즘에는 국민 상당수가 미국에 사는 친지가 있을 텐데, 미국 교포들은 우리나라의 종부세 논란을 이해하지 못한다. 미국의 제도는 지역마다 차이가 크지만, 중간치를 보면 집값의 1% 정도를 재산세로 낸다. 10억 원짜리 집이라면 연간 1천만 원 정도 낸다는 것이다. 이민 가서 어느 정도 안정을 하고 나면 집을 사게 되는데, 이 정도 세금은 당연하게 여긴다.

그러나 국민 정서나 외국 사례와는 별개로 종부세는 과연 좋은 세금인지를 따져볼 필요가 있다. 교과서를 보면 토지보유세는 세금 중 가장 우수한 세금이라고 되어 있다. 결정적인 이유는 시장경제에 가장 잘 어울리는 세금이기 때문이다. 토지는 존재량이 일정하므로 보유세로 인해 늘어나지도 줄어들지도 않는다는 것이다. 더구나 토지를 투기 대상으로 삼아 실수요 이상으로 과다하게 보유하는 현실에서 토지보유세는 이 고질병을 고쳐주는 명약이라는 것이다. 경제원론을 배운 사람이라면 누구나 알고 있는 내용이다.

종부세 후퇴론자가 흔히 내세우는 이유는 1가구 1주택자의 문제다. "달랑 집 한 채 있는데 비싼 종부세를 물어야 하는가?"라고 억울해하는 사람이 있다는 것이다. 그러나 집 수를 내세우는 것은 정서에 호소하여 판단을 흐리게 하는 전략이다. 핵심은 몇 채가 아니라 얼마짜리냐에 있다. 한 채 소유자라고 해서 세금을 깎아준다면 가급적 값나가는 집 한 채를 보유하려고 할 것이다. 부동산 가수요를 조장하게 된다는 것이다.

종부세는 토지보유세의 한국판이라고 할 수 있으므로 아무쪼록 종부세가 잘 정착되도록 힘을 모아야지, 툭하면 이걸 후퇴시키겠다고 나서는 것은, 언론이든 정치권이든 책임 있는 모습이 아닐 뿐 아니라, 국민 다수를 외면하고 극소수 부유층을 옹호한다는 비판을 받게 된다.

물론 종부세에도 개선의 여지가 있다. 종부세는 토지와 건물에 통합 과세하는데, 건물에는 부과하지 말고 토지에만 부과해야 한다. 보유세의 장점은 '토지'에만 해당되기 때문이다. 혹 공시지가는 아파트 시세를 제대로 반영하지 못한다고 걱정해서 통합 과세한다면, 공시지가를 바로잡아 해결해야 한다. 편법을 쓰면 당장은 몰라도 시간이 지나면서 건물 공급을 위축시키는 부작용이 나타나게 마련이다.

또 기준 금액 이상의 부동산에 대해서만 종부세를 매기는 것도 재고해야 한다. 토지보유세의 이익은 토지의 용도·가격 등 구분 없이 균일하게 부과할 때 가장 크기 때문이다. 또 현재의 기준 금액이 높아서 결과적으로 특정 지역에 세금을 집중되어 공연히 저항의 빌미를 제공한다. 종부세 대상 기준을 내리지 않더라도 부동산 가격이 상승함에 따라 과세 대상은 저절로 많아지겠지만…….

또 꼭 언급하지 않을 수 없는 점은, 재산 관련 세수가 많아지면 당연히 다른 세금을 감면하는 조치를 병행해야 하는데 이걸 제대로 하지 않는다는 점이다. 세제를 종합적으로 개편하기가 어렵다는 이유로 정부가 책임 있는 태도를 보이지 않는다면 종부세는 세수 증대의 수단이라는 비판을 받게 된다.

토지를 소유하는 모든 국민이 높은 보유세를 내고 그만큼 다른 세금이 줄어드는 세상이 빨리 오기를 바란다.

『한국일보』 2007. 12. 14.

3부

이명박 시대의 절망

이명박 정부의 품격을 알아봅시다

물질적 이해관계에 몰두하는 사람보다는 정신적 가치를 소중하게 생각하는 사람, 자신만을 위하는 사람보다는 타인을 배려하는 사람의 품격이 높다고 봐야 할 것이다. 이런 기준을 적용하면 이명박 정부의 품격은 어느 수준일까?

이명박 정부와 한나라당이 내세우는 대표적인 화두는 '경제', '대운하', '줄푸세', '교육자율화' 등이다. 18대 총선에서는 '뉴타운'이 등장했다. 이런 핵심 단어를 통해 새 정부의 품격을 매겨보자.

이명박 정부는 물질에 대한 국민의 욕구를 자극하여 탄생한 정권이다. '경제', '대운하', '뉴타운'이 이를 반영한다. 인간은 어쩔 수 없이 물질 문제를 해결해야 하기 때문에 물질에 대한 관심 자체가 나쁜 것은 아니지만 물질에 지나치게 경도되면 품격이 떨어지게 된다. 이 점만 보더라도 이명박 정부의 품격이 좋은 점수를 받기는 어렵다. 그렇더라도 물질을 원하는 국민이 선택하였고 또 다른 정당도 별로 나을 것이 없다는 점을 생각하면 이명박 정부의 품격을 이 기준으로는 판단하기 어렵다.

그렇다면 물질 추구 방식에서 타인을 어느 정도 배려하는지에 따라 품격이 정해질 것이다. 가장 낮은 수준에 적자생존형 분배관이 있다. 공정한 규칙이 존재하건 말건 각자 환경에 적응하여 이룩한 분배 결과를 모두 차지하는 것이 옳다고 보는 분배관이다. 이런 사회에서는 타인을 경쟁 상대로만 파악하고 각자 동원할 수 있는 수단을 최대한 동원한다. 비자금으로 권력기관에 로비를 벌여 규칙을 왜곡하고 심판을 매수해온 삼성이 좋은 예다. 이런 사회는 단기적으로는 효율적인 결과를 낳을 수도 있다. 그러나 규칙의 공정성에 관심을 두지 않기 때문에 사회정의가 무너지고 빈부격차가 심해져서 국민 갈등을 야기한다. 그래서 결국에는 효율성마저 떨어진다.

가장 높은 수준에는 박애형 분배관이 있다. 모든 인간은 존엄한 존재로서 공생해야 한다는 박애주의에 기초를 두고 각자에게 필요에 따라 분배하는 것이 옳다고 보는 분배관이다. "능력에 따라 일하고 필요에 따라 소비한다"는 공산주의 분배관, 유토피아 분배관이 여기에 속한다. 궁극적으로는 나의 이익과 타인의 이익을 구별하지 않으면서 모두 더불어 나누는 종교적 차원의 분배관, 예를 들면 "네 이웃을 네 몸과 같이 사랑하라", '무주상 보시'無住相 布施와 같은 분배관에 이른다. 이런 사회에서는 빈부격차 문제가 거의 없다. 그러나 원인을 불문하고 모든 결과를 같이 나누므로, 이기심이 앞서는 현재 수준의 인류에게 주는 생산적 인센티브는 가장 낮다.

그 중간 수준에 기회균등형 분배관이 있다. 모든 사람에게 기회를 균등하게 보장하는 가운데 선택의 결과를 선택자에게 귀속시키는 것이 옳다고 보는 분배관이다. 결과의 평등이 아니라 평등한 자유를 보장한다. 소득, 재산, 권력, 명예, 안전 등을 사후적으로 같게 하는 것이 아니라 그런 가치를 추구하는 자유를 사전적으로 동일하게 보장한다는 것이다.

그렇다면 이명박 정부는 어떤 수준의 분배관을 가지고 있을까? '줄푸세' 자체는 나쁘지 않지만 무엇을 줄이느냐, 어떤 규제를 푸느냐, 누구를 향한 법질서 세우기냐에 따라 품격이 달라진다. 강자의 특권을 없애고 약자의 노력을 지원하여 국민에게 동일한 출발선과 전망을 보장하면 기회균등형의 수준이 된다. 그러나 이명박 정부는 '교육자율화'라는 이름으로 본인의 노력과 능력 이외의 요인에 의해 교육 기회에 차등을 두려고 한다. 종합부동산세를 줄이고, 대기업에 대한 규제를 풀고, 서민과 노동자를 겨냥하여 법질서를 세우려고 한다. 이런 정책은 적자생존형에 가깝다.

이처럼 물질을 중시하고 기회균등에서 멀어지는 정부의 품격을 높이 평가할 수는 없다. 노무현 정부 때는 대통령의 막말이 품격을 떨어뜨렸다면 이명박 정부에서는 정책 내용이 품격을 떨어뜨리고 있다.

우리가 좋은 사회, 품격 높은 사회를 꿈꾼다면 어떻게 해야 할지 자명하다. '시장주의', '자유주의'를 정책 기조로 삼는다고 하는 이명박 정부는 시장과 자유의 진정한 의미를 새겨야 한다. 선택의 자유에는 기회균등이 전제되어야 한다는 점을 알아야 한다.

　한편 우리네 백성도 생각하고 각성해야 한다. 관심 대상이 물질과 나뿐인 "나뿐 사람＝나쁜 사람"이 되어서는 안 된다.

『평화뉴스』 2008. 5. 12.

불로소득만 없으면 누가 무슨 땅을 소유한들

청와대의 높은 분들이 또다시 부동산투기 구설수에 올랐다. 공직자 재산 공개 때마다 있는 일인데 이제는 무슨 해법을 강구해야 하지 않을까?

우리나라 상류층이 왜들 부동산 부자인지는 말 안 해도 다 안다. 재테크 대상으로 부동산이 최고이기 때문이다. 그럼 재테크는 나쁜 것인가? 그렇지 않다. 정당하게 번 돈을 정당한 대상에 투자하여 돈 버는 것을 나무랄 일은 아니다. 그런 점에서 "부자라고 해서 비난해서는 안 된다"는 청와대의 해명은 틀린 갈이 아니다.

그렇다면 부동산 재테크를 왜 나무라는가? 이에 대한 답 역시 말 안 해도 다 안다. 부동산 중 토지는 정당한 투자 대상이 아니기 때문이다. 국토는 인간의 노력에 의한 생산물이 아니라 국민 모두에게 하늘이 준, 유한한 삶의 터전이다. 그러므로 단순히 토지를 소유한다는 사실만으로 불로소득을 얻는 것은 옳지 않다. 또 토지불로소득을 인정한다고 해서 토지가 늘어나는 것도, 좋아지는 것도 아니다. 이런 사실은 상식과 양심을 가진 사람이라면 누구나 안다. 실수요와 무관한 부동산을 많이 소유하는 고위공직자에 대한 여론의 비판이 단순히 부러움과 시기심에서 나온 것이 아니다. 청와대 높은 분들을 부자라고 해서 비판하는 게 아님을 꼭 알아주기 바란다.

이 문제에 대한 해법은 의외로 간단하다. 토지를 단순히 소유하는 데서는 아무런 이익이 나오지 않도록 하면 된다. 이렇게만 되면 누가 무슨 땅을 소유한들 아무도 신경 쓰지 않을 것이다. 고위공직자가 부동산을 많이 가지고 있다고 창피 당하는 일도 없을 것이다. (아니, 부동산 재테크 자체가 사라진다.) 불로소득만 없다면 1가구가 몇 주택을 소유하건, 분양권 전매를 하건 말건, 분양원가를 공개하건 말건, 선분양/후분양을 하건 말건 별 관계가 없다. "땅을 사랑하는" 도시 사람이 농지와 임야를 사건 말건 관계없다. 불로소득이 사라지면 토지시장에는 가수요가 사라지고 실수요만 남으므로 수요에 맞추어 공급을 하면 된다. 따라서 공급 확대냐 가수요 억제냐 하면서 정책의 우선순위를 두고 다툴 일도 없다.

토지불로소득을 없애는 구체적인 방법은 토지보유세 강화이며, 종합부동산세는 토지보유세의 한국판이다. 그런데 '강부자' 정부와 한나라당은 종부세를 싫어한다. 물론 현실의 모든 제도가 그렇듯이 종부세도 다소간 문제가 있지만 큰 가닥을 생각한다면 강화하는 방향으로 가야 한다. 그런데 정부와 한나라당의 눈에는 문제점만 보이는 것 같다.

토지보유세 강화는 경제살리기와 '줄푸세'를 내걸고 집권한 한나라당에 큰 도움이 된다. 보유세를 강화하면 위에서 언급했듯 부동산 규제가 거의 불필요하게 돼 '푸'를 이룰 수 있다. 더구나 경제에 부담을 주는 다른 세금을 토지보유세 수입이 늘어나는 만큼 줄여주면 경제의 체질이 개선된다. 대운하와 같은 근시안적 편법을 쓰지 않고 지속가능한 방식으로 경제를 살릴 수 있다. 그러면 정부 수입을 유지하면서도 세율을 줄일 수 있어 '줄'도 달성할 수 있다.

그런데 사람은 크게 수양하지 않는 한 자기 이익을 지키려는 욕심을 버리기 어렵다. 아마 '나에게 이익이 되는 제도는 바꾸지 않겠다'는 심리가 고위공직자에게도 있을 것이다. 그래서 제대로 된 부동산정책을 수립하려면 고위공직자가 부동산 관련 이해관계를 끊어야 한다. 그 방법이 부동산 백지신탁제다. 고위공직자가 실수요 아닌 부동산을 취임 시에 백지신탁하고 퇴직 2년 후에 부동산의 시세 또는 최초 매입가의 원리금 중 적은 금액을 돌려받도록 하는 것이다.

문제가 된 고위공직자들이 한결같이 "부동산을 투기 목적으로 취득한 게 아니다"고 하니까 이 정도 수익에도 불만이 없을 것이다. 더 바란다면 투기 목적이었다고 의심 받을 수밖에 없다. 또 국민이 고위공직자가 수립한 정책의 공정성을 신뢰하게 되어 정부를 따르게 된다. 질서를 쉽사리 바로 세울 수 있으므로 '세'도 달성하게 된다.

부와 한나라당이 5년 후 재집권을 원한다면 토지보유세 강화와 부동산 백지신탁제를 정책화하여 경제 살리기와 '줄푸세'를 달성하기 바란다.

『한겨레』 2008. 4. 28.

대담한 가설, 음모론과 공처론

헌법재판소가 13일 종합부동산세에 대해 세대별 합산은 위헌으로, 1주택 장기보유자에 대한 과세는 헌법불합치로 결정했다. 이명박 정부의 각종 개정안과 합쳐지면 종합부동산세는 사망한 것과 다름없다.

행정수도 이전에 대해 국민 누구도 모르는 관습이 있었다고 하면서 위헌 결정을 했던 헌법재판소인 데다가 강만수 기획재정부 장관이 예고편까지 보여주었는지라, 국민이 그리 놀라지 않는 듯하다. 그저 이번에도 어이없어할 뿐이다. 헌재에서 왜 이렇게 국민의 상식과 다른 결정을 내리는지 한동안 생각해보았지만 합리적인 이유를 찾을 수 없었다. 그래서 나름대로 '대담한 가설'을 세워보기로 했다. 가설은 두 가지, 음모론과 공처론이다.

음모론이란 세상일은 다 거대한 음모의 결과라는 해석법으로서, 합리적인 설명이 안 되는 사건에 적용하기 매우 편리하다. 국제적으로 상식 밖의 일이 벌어지면 믿거나 말거나 그 배경에 미국 중앙정보부가 있다고 해석하는 식이다.

헌법재판소와 '접촉'했다는 강만수 장관의 발언을 통해 음모론이 입증된 것 같지만 필자는 그렇게 생각하지 않는다. 헌법재판소 나름의 자존심이 있기 때문에 몇 차례 '접촉'만으로 오염되지는 않는다고 본다. 그보다는 오히려 묵시적 음모, 침묵의 카르텔이 작용했다는 가설이 더 그럴듯하다. 사람은 자신의 이해관계에 어긋나는 일에 대해서는 경계심을 갖게된다. 객관적인 태도를 취하려고 해도 머리와 마음이 따로 노는 일을 많이 경험해봤을 것이다. 그래서 공통적인 이해관계를 가진 계층은 굳이 음모를 꾸미지 않더라도 생각이 비슷해진다. 헌법재판관 9명 중 8명이 종합부동산세 대상이라는 사실은 묵시적 음모론에 무게를 실어준다.

공처론은 좀 민망한 가설이다. 대한민국 부잣집 남편들이 아내의 눈치를 보면서 지내다 보니 자신도 모르게 종합부동산세를 혐오하게 되었다는 내용이다.

필자의 편견인지는 몰라도 남편보다는 아내가 부동산에 민감하다. 남편은 직장에 충성하느라 시간도 없고 생각도 못 미치는데 아내들은 시간도 있고 정보도 많고 게다가 샘까지 많아 부동산을 비롯한 재테크에 민감하다. 복부인이라는 말은 있어도 복남편이라는 말은 없는 걸 보면 필자의 생각이 아주 틀리지는 않은 것 같다. 또 남편이 고위직에 갈 만한 나이가 되면 자녀들도 다 커버리고 남편과 아내만 남은 상태라 아내의 눈치를 보지 않으면 견디기 어렵다. '간 큰 남자' 이야기가 시리즈로 나올 정도다. 이런 모습은 지방보다 서울이 더 하다.

더구나 우리나라는 아내가 가정의 재정권을 쥐고 있다. 남편이 수입을 통째로 아내에게 전하면 아내가 남편에게 용돈도 주고 재테크도 하고 세금도 낸다. 그런데 남편의 수입이 늘어나지도 않는데 거액의 세금이 부과되고, 더구나 남들도 다 하는 재테크 좀 했다고 손가락질하는 듯한 분위기까지 느껴져 매우 기분 나쁘다. 남편이 아내와 더불어 살려면 겉으로라도 이러한 아내의 정서에 동조할 수밖에 없고, 아예 아내처럼 변하면 만사가 편하다. 그렇지 않으면 언제 말실수로 아내의 심기를 건드릴지 모르기 때문이다. 부부가 화합하여 좀 더 편하게 사는 게 무슨 잘못이랴?

이것이 음모론과 공처론이다. 이런 가설이 억울하다면 좋은 방법이 있다. 부동산 백지신탁제를 도입하는 것이다. 부동산 백지신탁제란 헌재 재판관을 포함한 고위공직에 취임할 때 실수요 외의 부동산을 백지신탁하고 퇴직 때 매입 당시 가격의 원리금을 현금으로 돌려받는 제도다. 이 제도를 도입하면, 부동산 불로소득과는 인연이 멀어지므로 음모론이든 공처론이든 발붙일 여지가 없어진다.

『한겨레』 2008. 11. 17.

용산참사의 배후는 토지불로소득

용산참사를 계기로 재개발과 재건축(이하 '재개발')에 관심이 집중되고 있다. 잘못이 경찰에 있는지, 농성 세입자에 있는지 공방이 벌어지는 가운데 세입자 보상제도가 주로 검토되고 있다. 그러나 처벌과 보상은 근본 대책이 아니다. 모든 개발 갈등의 배후에는 불로소득이 있기 때문이다.

재개발이 결정되면 경축의 현수막이 곳곳에 나붙는다. 사업지구 재산권자에게는 막대한 불로소득이, 건설업자에게는 사업이익과 불로소득이 함께 생기기 때문이다. 그러나 갈등과 대립은 여기에서 시작된다. 용산참사의 갈등 당사자는 개발주체와 세입자였다. 개발주체가 막대한 불로소득을 챙기는 가운데 세입자에게는 충분한 보상이 돌아가지 않았기 때문이다. 진작 개발주체의 불로소득을 줄여서 세입자에게 충분한 보상을 했다면 이번 참사는 막을 수 있었을 것이다.

그러면, 보상을 통해 당사자의 불만을 무마한다면 재개발을 해도 좋은 것인가? 재개발의 목적은 좀 더 인간다운 생활을 할 수 있는 환경, 좀 더 정의롭고 효율적인 환경을 만드는 데 있다. 이런 목적과 무관하게 소수의 사욕만 채워주는 재개발이라면 갈등이 있건 없건 해서는 안 된다. 그런데도 동네마다 재개발 열풍이 부는 이유는 불로소득 파티에 한몫 끼려는 집단이 많기 때문이다.

재개발로 인한 땅값 상승분을 개발주체가 차지하는 게 당연하다고 생각하기도 한다. 땅값 상승이 개발주체의 남다른 노력과 창의의 결과라면 그런 생각도 일리가 있겠지만, 재개발의 노하우는 특정인이나 특정 업체만 가지고 있는 게 아니다. 재개발지구로 지정되기만 하면 개발에 착수하기도 전에 그리고 개발의 세부적 내용을 불문하고 땅값이 상승한다. 노력이나 창의는 문제가 안 된다는 증거다.

단지 재개발지구로 지정되었다는 사실만으로 발생하는 불로소득은 당연히 환수하여야 한다. 그런 가운데, 공익적인 관점에서 필요한 재개발이라면 공공기관이 나서면 된다. 또 사업 자체의 경제적 타당성을 가진 재개발이라면 불로소득이 없어도 민간이 추진할 것이므로, 정상적인 재개발이 위축될 염려는 없다.

부동산 불로소득은 주로 토지에서 발생한다. 건물은 원가가 있고 또 시간이 지남에 따라 낡고 가치가 하락하기 때문에 특별한 경우가 아니면 건물 불로소득은 없다. 그러므로 토지불로소득이 핵심이다. 불로소득은 재개발지구만이 아니라 인근지역에서도 발생하며 재개발이 한 곳에서만 이루어지는 것도 아니다. 또 불로소득이 재개발에 의해서만 발생하는 것도 아니다. 토지가치에 영향을 주는 원인은 자연환경의 변화, 정부의 조치, 사회경제적 변화 등 매우 다양하다.

이처럼 토지불로소득은 전 국토에서 다양한 원인에 의해 발생하므로 특정 사업이나 특정 지구에 국한하여 환수하는 것으로는 충분하지 않다. 전 국토를 대상으로 그리고 상시적으로 환수해야 한다. 그 가장 좋은 방법은 모든 토지에 고율의 보유세를 부과하는 것임은 너무 잘 알려져 있다.

그런데 이명박 정부는 그나마 있던 불로소득 환수장치를 대폭 완화하고 각종 규제를 풀고 있다. 참사의 배후인 토지불로소득을 방치하면 온갖 불필요한 재개발과 토목사업이 늘어나면서 갈등의 골이 더 깊어질 것이다. 빈부격차가 심해지고 계층 간 위화감이 더 커져서 용산에 비할 수 없는 커다란 참사가 터질 것이다. 이런 상태에서 이명박 정부가 무슨 수로 '법치'를 해나갈지, 걱정이다.

『한겨레』 2009. 2. 3.

이명박 정부 1년＝민주 후퇴＋경제위기

이명박 정부 집권 1년 동안 일어난 가장 두드러진 변화를 선정하려고 하니 우열을 가리기 어려운 두 가지가 경쟁을 벌인다. '민주 후퇴'와 '경제위기'다. 힘들여 쌓아올린 민주주의의 탑이 이명박 정부의 등장으로 갑자기 무너지고 있으며 미국의 주택 버블에서 비롯된 경제위기가 민생을 짓누르고 있다.

　민주 후퇴는 너무나 안타까운 일이지만 필자는 그래도 희망을 가지고 있다. 나름대로, '좌파'에 대항하여 집권층에 이념적 정당성을 부여해온 '자유주의'의 핵심은 민주·인권·법치·관용이기 때문이다. '자유주의' 진영은 당분간 '우리 편'의 흠을 미숙한 루키의 애교로 봐주기도 하겠지만 시간이 지나면 민주 후퇴를 비판하게 될 것이다. (너무 순진한 생각인가……)

'이념 아닌 실용'을 내세우는 권력층은 비판을 못들은 척하겠지만, 중요한 지지 기반이 등을 돌리는 것을 언제까지나 무시할 수는 없을 것이다. 또 이 정부가 임기 내내 반성하지 않는다고 해도 결국 다음에는(아니면 그 다음에라도) '민주 회복'을 내거는 정권이 들어서게 될 것이다.

경제위기가 더 문제

하지만 경제위기에 대해서는 비관적이다. 원인을 제거하지 않는 한 위기가 되풀이될 것인데 어느 나라도 근본 원인을 제거하려는 노력을 하는 것 같지 않기 때문이다.

역사상 버블로 인해 빚어진 경제위기에는 공통점이 있다. 처음에는 실수요 증가에 의해 가격이 상승하더라도, 상승 추세가 이어지면 투기적 가수요가 발생하고 가수요는 다시 가격 상승을 부채질한다. 이 과정에서 막대한 불로소득이 발생하는 것을 본 사람들은 너나없이 투기판에 뛰어든다. 그러나 시간이 지나면서 가격 상승이 둔화되다가 급기야 가격이 하락하기 시작된다. 불안감이 시장을 지배하면서 가격이 급락한다. 투자자와 금융기관의 파산이 시작되고 실물경제도 심각한 타격을 입는다.

금융의 역할이 커진 현대에는 금융기관에 의한 무리한 유동성 증감이 버블 과정의 진폭을 더욱 크게 한다. 게다가 정부가 개입하여 금리와 부동산 세제를 버블의 확대와 붕괴를 촉진하는 쪽으로 펼치면 사태가 더욱 악화된다.

이런 과정에서 보듯이 버블 위기의 원인은 인간의 탐욕, 막대한 불로소득, 부적절한 유동성이며 어느 하나의 원인만 해결해도 버블 위기는 막을 수 있다. 그런데 인간의 탐욕을 없애는 것은 정책으로 할 수 없는 일이다. 정부가 교육이나 종교를 지원함으로써 기여할 수는 있겠지만 교육이나 종교라고 해서 인간의 수준을 근본적으로 향상시키기는 어렵다는 게 우리의 상식이다.

토지불로소득 통제가 근본 대책

그러면 정책의 대상으로는 불로소득 통제와 유동성 관리만 남는다. 하지만 유동성은 경제 전체에 영향을 미치는 요소이므로 투기와 버블을 막기 위한 목적만으로 관리할 수는 없다. 더구나 가격 상승이 실수요를 반영하는 것인지 가수요에 의한 버블인지는 그 당시로는 구분하기 어렵다. 그렇다면 근본적인 대책은 불로소득 통제다.

불로소득을 추구하는 다양한 투기 중에서도 토지에 대한 투기가 가장 주목된다. 토지는 존재량이 일정하므로 투기 대상으로 적합하고 토지투기는 경제에 도움을 전혀 주지 않는 악성 투기이다. 또 토지는 생활필수품이고 국민경제에서 차지하는 비중이 높아 누구도 토지투기의 악영향에서 비켜설 수 없다.

게다가 모든 경제불황에는 토지투기가 선행했으며 그것도 18년 주기로 재발된다는 주장이 나와 주목을 받고 있기도 하다. (18년 주기설이 맞는다면 다음 버블 위기는 2025년경에 일어난다.)

그런데 이상한 것은, 어느 나라도 토지불로소득을 근본적으로 제거하려는 정책을 펴지 않는다는 점이다. 더구나 우리나라에서는 검증된 수단인 보유세를 강화하기는커녕 오히려 부동산투기 대책을 속속 무장해제하고 있다. 이 점에서는 '자유주의' 진영에도 기대를 걸 수 없다. 그들은 이상하게도 종합부동산세 등 투기 대책을 좌파 정책이라고 오해하기 때문이다.

　역사에서 교훈을 얻지 못하면 불행은 되풀이된다. 경기가 회복 국면에 접어들 때 투자자가 제일 먼저 눈독을 들이는 대상이 부동산이라는 것은 상식인데…… 정말 걱정이다. 앞에서 지적한 버블 위기의 공통점에 하나를 추가한다면, 그렇게 매번 당하면서도 근본 대책을 세우지 못해 다시 당한다는 것이다.

『공동선』 2009년 3-4월호

의석 숫자로 밀어붙여서는 안 되는 이유

국회에서 쟁점 법안을 둘러싸고 대립이 격화되자 여당에서는 "국민의 지지를 받아 다수당이 된 만큼 국회에서 다수결로 처리하면 된다"는 말을 너무 쉽게 하고 있다. 국정을 책임지는 정치인들이 민주주의의 기초를 이처럼 이해하지 못하고 있다니, 걱정된다. 제대로 된 민주사회라면 다수당이라고 해서 의석수로 밀어붙여서는 안 된다. 상식적이지만, 그 이유를 새삼 요약해본다.

다수당은 국민의 신임을 더 받은 당?

다수당이라고 해서 반드시 국민의 신임을 더 받은 당인 것은 아니다. 정당 갑과 을이 경제·외교·교육의 세 쟁점을 놓고 경쟁하는 가운데 국민 3명이 투표하는 경우를 가정하고, 예를 세 가지만 들어보자.

[예1] 국민 3명이 모두 경제와 외교는 갑의 공약을, 교육은 을의 공약을 지지한다고 하자. 각 쟁점의 비중이 같다면 결과적으로 갑이 승리하여 다수 의석을 차지하게 된다. 이럴 때 국민이 다수 의석을 주었다는 이유로 교육까지도 갑의 공약대로 처리한다면, 지지받지 못하는 공약을 '끼워 팔기'하는 부당행위가 된다.

[예2] 국민 3명 중 갑의 지지자가 2명이면 갑이 선거에서 승리한다. 그런데 지지자 중 1명은 경제와 외교 공약을, 다른 1명은 경제와 교육 공약을 지지한다고 하면 경제 공약을 제외한 다른 공약은 국민 다수의 지지를 받았는지 불분명하다.

[예3] 지지도의 강약도 문제된다. 국민 2명은 쟁점 2개에서 갑을, 다른 1개 쟁점에서는 을을 지지하며, 나머지 1명은 3개 쟁점 모두에서 을을 지지한다고 하자. 이때 보통의 투표 방식인 1인 1표제를 적용한다면 갑이 2:1로 승리한다. 그러나 1인 3표제를 적용하고 투표자가 지지하는 쟁점 수대로 표를 배분한다면 갑은 4표, 을은 5표를 얻어 오히려 을이 승리한다.

이처럼 다수당의 특정 공약이 국민의 지지를 받았는지, 심지어 다수당이 국민의 신임을 더 받은 정당인지도 불확실한 경우가 적지 않다. 더구나 국민의 여론은 시간과 상황에 따라 변할 수 있다. 그러므로 다수당이 되었더라도 늘 겸손하게 국민의 참뜻을 헤아려야 한다.

다수결의 대상이 되지 않는 의제가 있다

게임의 규칙에 따라 다수당과 소수당이 결정되었다고 해도 다수결에는 내재적인 한계가 있다. 민주사회의 기본합의에 위배되는 의제는 아예 다수결의 대상에서 제외된다. 예를 들면, 여당이 시도하듯이, 집회와 시위의 자유나 표현의 자유를 필요 이상으로 제한하는 법률은 다수결로 제정할 수 없다.

소수파를 차별하는 의제도 마찬가지다. 민주주의는 다수파와 소수파가 공존하는 체제이며 언제라도 서로의 입지가 뒤바뀔 수 있다는 전제 위에서 성립되는 체제다. 따라서 소수파의 존재를 부정하는 의제는 다수결의 대상이 아니다. 또 여론의 다양성과 여론에 호소할 균등한 기회를 훼손하는 의제도 마찬가지다. 예를 들어 미디어법안처럼, 현재의 다수파에게 유리한 여론 환경을 조성하려는 의도가 들어 있는 법안은 다수결의 대상이 되지 않는다.

'국회는 행정부를 견제하라'는 것이 헌법의 명령

뿐만 아니라, 권력분립에서 나오는 당연한 제약이 있다. 우리나라는 삼권분립의 나라다. 현실에서는 입법·행정·사법의 삼권분립이 아니라 여당·야당·사법부의 삼권분립이 되고 있는데 이건 헌법의 의도와 다르다. 대통령을 낸 정당과 국회의 다수당이 같은 정당이라고 하여도, 의원내각제가 아닌 한 국회는 행정부를 감시하고 견제하라는 것이 헌법의 명령이다. 국회의 다수당이 정부의 방침을 밀어붙이는 돌격대 노릇만 한다면 국회가 무슨 소용이 있나?

국민의 대표 노릇을 하려면 이런 정도는 알아야 한다. 요즘처럼 학벌만 높을 뿐 다수결 원리와 의회의 존재 이유를 이해하지 못하는 '무식한' 정치인이 많다면, 기본을 갖춘 사람만 선거에 출마할 수 있도록 정치인 자격시험이라도 도입해야 하는 것 아닌가?

『오마이뉴스』 2009. 3. 30.

증오의 악순환, 합리적인 좌·우파의 협력을

이명박 정권이 들어선 지 불과 1년 남짓한 시점에 치러진 4·29 보선에서 보수 성향의 표심마저 정권으로부터 등을 돌렸다는 사실이 확인되었다. '잃어버린 10년'을 되찾았다고 기뻐하던 '우파'가 이제는 한숨 소리를 내고 있다. 그 다음날인 4월 30일에는 노무현 전 대통령이 검찰에 소환되었다. 무언가 희망을 주는 새로운 변화를 노무현에게 기대했던 '좌파'의 내상도 매우 커 보인다. 좌우 양 진영이 절망에 빠져 있다.

오랫동안 대통령선거의 쟁점은 정통성과 지역감정이었을 뿐, 정권을 지키려는 세력이든 그 반대 세력이든 정책 노선에서는 차별성이 거의 없었다. 그러던 중 김대중 정권과 노무현 정권이 종전과 다소간 다른 내용을 섞자 기존의 노선을 당연시했던 쪽에서 '좌파 정권'이라고 성토하기 시작하면서 '이념'이 중요한 관심사로 등장하였다.

정통성이나 지역감정과 같은 원초적 쟁점이 부각되는 사회는 아직 정상적인 수준이 아니다. 이런 쟁점은 인간의 삶이 어떠해야 하는지에 대한 근본 질문과 무관하기 때문이다. 그렇게 본다면 이념이 선거의 쟁점으로 부각된 것은 그만큼 우리 사회가 성숙했다는 걸 의미한다. 그러나 정통성이나 지역감정과는 달리 이념에 있어서는 서로 자신의 정당성을 확신하기 때문에 자칫 확신에 의한 증오의 악순환에서 벗어나기 어렵다는 새로운 문제가 있다.

이념은 이론·운동·정치의 3박자가 맞아야 빛을 보게 된다. 확고한 이론을 세우고 이를 국민에게 전파하여 지지기반을 다진 후 마침내 정권을 획득하여 실천에 옮겨야 한다. 이론을 제시하고 이해하는 사람은 소수이며, 국민 대다수가 소극적인 풍토에서 운동이 영향을 미칠 수 있는 범위도 그리 넓지 않다. 그러므로 이념의 실천이라는 관점에서 보면 현실 정치 지도자의 역할은 막중하다.

특히 대통령은 현실 이념사단理念師團의 최고 야전 사령관으로서 국민에게 직접 영향을 주기 때문에 국민은 대통령을 통해 이념을 평가하게 된다. 그런데 불행히도 노무현 '사령관'과 이명박 '사령관'은 국민에게 매우 나쁜 인상을 주었고, 결과적으로 그들이 대표하는 이념 자체에도 치명적인 타격을 가하고 말았다.

이념을 정치적으로 대표하는 지도자가 오히려 이념혐오증을 일으키는 현실을 보면서 참담한 심경이 되지만 그러나 희망을 포기할 수는 없다. 언제 희망이 넘친 시대가 있었던가? 또 이념 없이 어떻게 사회 개선의 방향을 잡을 수 있나?

좌든 우든 진정한 이념은 인간과 세상에 대한 사랑에서 나온다. 인간이 잘되기를 소원하는 사람이라면, 좋은 세상을 꿈꾸는 사람이라면, 공통적으로 지금 해야 할 일이 두 가지 있다. 첫째로, 노무현의 실패가 좌파의 실패로, 이명박의 실패가 우파의 실패로 등치되지 않도록 해야 한다. 자칫 모든 이념에 대한 혐오증으로 연결될 수 있기 때문이다. 둘째로는, 다른 이념사단의 진정성을 존중하도록 자신이 속한 이념사단을 설득하여 증오의 악순환 고리를 끊어야 한다. 증오는 이성적인 대화의 적이기 때문이다.

합리적인 좌파와 양식 있는 우파라면 이런 점에 합의하고 상호 협력할 수 있을 것으로 기대한다.

『평화뉴스』 2009. 5. 4.

3부 이명박 시대의 절망

율도국에서 보는 위장전입

안녕하십니까? 저는 활빈당 홍길동 할아버지가 세우신 율도국의 국민입니다. 조선, 아니 한국은 율도국의 뿌리이기도 하지만, 짧은 기간에 산업화와 민주화를 이룩하였다고 해서 제가 특별히 관심을 가지는 나라입니다. 그런데 율도국의 상식으로는 이해하기 어려운 일이 많아 당황스럽습니다.

위장전입은 협박과 맞먹는 죄

요즘 국회에서 벌어지고 있는 인사청문회도 그렇습니다. 고위직 후보자들이 '위장전입'이라는 불법을 저질렀다고 하더군요. 법전을 찾아보니,

'위장전입'은 경범죄 같은 사소한 허물이 아니네요. "주민등록 또는 주민 등록증에 관하여 거짓의 사실을 신고 또는 신청한 자는 3년 이하의 징역 또는 1천만 원 이하의 벌금에 처한다"고 되어 있습니다. 3년 이하의 징역 은 공문서 부정행사, 협박, 상습도박과 같은 수준의 처벌이군요.

그런데 대법관, 총리, 장관 등 고위직 후보자들이 하나같이 이런 범죄 를 저질렀다니 놀라운 일입니다. 한국에는 깨끗하면서도 유능한 사람이 없나요? 한국에서 고위직에 올라가려면 '법은 대충 피해 나가면 된다'는 식으로 살아야 하나 봅니다. 현직 대통령도 그랬다니까요. 한국의 몸 성 한 남자라면 다 가야 하는 군대를 안 간 사람도 고위직에 많다면서요? 한 국에서 나라는 서민만 지키게 되어 있나요?

청문회에서는 범법 후보의 사퇴를 요구한다지만 그건 일부 야당 의원 의 말일 뿐 여당은 '사과했다', '별것 아니다', '공소시효가 지났다'면서 감싼다고 하더군요. '법치'를 강조하는 쪽이 정부와 여당이 아니었나요?

근본 대책, 옳지만 우리는 싫다?

더 이해하기 어려운 것은, 정책 당국이 위장전입을 막는 근본 대책을 강 구하지 않는다는 점입니다. 근본 대책이란 당연히 위장전입을 유발하는 원인을 제거하는 것이겠지요. 한국에서는 학벌과 부동산이 신분을 결정 짓기 때문에 신분 상승을 위해 위장전입을 한다면서요? 그리고 이런 사실 을 전 국민이 다 안다면서요? 그렇다면 교육정책과 부동산정책을 고쳐야 하지 않나요? 그런데 현 정부가 들어선 후 이런 정책을 오히려 후퇴시켰다고 하데요.

율도국에는 지역별·계층별 교육 기회의 격차가 없습니다. 사람을 실력 아닌 학벌로 평가하는 일도 없습니다. 너무나 당연한 교육원칙이자 인사원칙입니다. 또 노력과 기여의 대가가 아닌 불로소득을 인정하지 않습니다. 너무나 당연한 분배원칙입니다. 한국 정부도 이런 기초적인 원칙을 모를 리가 없겠지요. 그런데도 모르는 척하는 걸 보면 하기 싫은 모양입니다. 옳은 줄 알지만 우리는 싫다? 율도국에서는 상상도 할 수 없는 일입니다.

정권을 감싸야 좌빨을 막는다?

더구나 중요 언론이 이 문제에 대해 모호한 태도를 취하는 것도 이상합니다. 율도국에서는 사회의 불의에 대해서는 국민이 분노해야 한다고 가르칩니다. '분노가 없으면 사랑도 없다'는 시를 많은 사람들이 애송하기도 합니다.* 혹 힘 없고 돈 없는 한국의 서민이 "세상은 원래 그런 것"이라고 체념해버린다면 그건 이해할 수 있습니다. 그러나 언론의 사명은 그게 아니잖아요?

중요 언론이 분노하지 않는다면 그 이유는 아마도 다음 둘 중의 하나일 것입니다. "나도 그들보다 더 깨끗하지 않다"는 공범의식 내지 자괴감

---

* 19세기 러시아 시인 니콜라이 네크라소프의 시에 이런 구절이 있습니다. "슬픔도 노여움도 없이 살아가는 자는 조국을 사랑하고 있지 않다."(「신문열람실」 중에서)

때문이거나 "이명박 정권을 흠집 내면 좌빨에게 힘을 실어주는 결과밖에 안 된다"고 생각하기 때문인 듯합니다. 공범의식 내지 자괴감 때문이라면 그래도 일말의 양심이 살아있다는 증거니까 약간은 희망적입니다. 그러나 '좌빨……'은 좀 그렇군요.

'좌빨'이란 북조선, 아니 북한을 적으로만 생각하지 않고 그 특수한 입장을 이해하려는 사람을 의미하는 것 같습니다. 설령 이들 언론의 인식처럼 북한이 악의 축이라고 칩시다. '좌빨'에게 힘을 실어주지 않으려는 이유는 이들 언론이 북한을 악의 축이라고 보기 때문일 것입니다. 또 율도국 사람이 보더라도 북한은 때때로 상식 밖의 짓을 합니다. 악의 축이든 몰상식하든 그런 상대방에 대처하려면 우선 이쪽이 선의 축이 되고 상식적인 사회가 되어야 하지 않나요? 자신과 가족의 이익을 위해 법을 가볍게 여기는 사람이 고위직에 들어서면 그렇게 될까요?

이러고도 한국이 짧은 기간에 산업화와 민주화를 이룩했다는 게 사실인가요? 우리 율도국 사람이 자녀에게 한국을 자랑할 수 있도록 해주세요. 우리는 뿌리가 같잖아요.

『오마이뉴스』 2009. 9. 21.

공직 후보자의 원죄를 용서하려면

청문회가 끝나고 흠투성이 후보들이 총리와 장관으로 임명되었다. 여권에서는 한숨을 돌리고 국민은 포기하고 있다. 무언가 대책이 필요하다는 데는 공감하면서도 어느 누구도 대책을 내놓지 않고 있다. 그래도 될까? 그냥 넘어가면 다음에도 같은 모습이 되풀이될 것 아닌가? 그래서, 국정감사와 재보선에 파묻혀 관심 밖으로 밀려나고 있는 일이지만, 다시 한번 생각해보기로 하였다.

반성문 + 자기희생 → 용서

사람이 날 때부터 성인군자가 될 수도 없고 나름대로 성실하게 산다고 해도 이런저런 실수를 하기 마련이다. 또 장래에 고위공직자가 될 것으로 기대하기 어려운 시점의 행위에 대해, 고위공직자와 같은 수준의 도덕적 잣대를 들이대는 것은 지나치다. 그래서 필자는, 도덕 측면에서 인생의 패자부활전을 두자고 제안한다. 과거의 잘못이 있더라도 진심으로 뉘우친다면 용서해주는 것이 좋겠다는 것이다.

다만, 용서를 위해서는 진솔한 반성문을 발표하고 허물에 상응하는 자기희생을 반성의 증거로 보인다는 전제가 필요하다. 청문회에 단골로 등장하는 병역, 부동산, 범법행위의 경우에 국민이 납득할 수 있는 자기 희생이 어느 수준일지 예를 들어보자.

병역면제는 대체복무, 부동산은 불로소득 포기

첫째로, 병역면제자는 대체복무를 한다. 군 복무도 못할 사람이 어떻게 고위공직을 감당할 수 있는지 의문이 들기는 하지만 면제 사유도 다양하니까 이 의문은 일단 접어두자. 대체복무는 병역의 기간과 강도에서 뒤지지 않는 내용이어야 하고 무보수여야 한다. 공직 취임 전에 하기 어려우면 공직 퇴임 후에라도 반드시 한다. 병역을 면제 받은 자녀에 대해서도 유사한 대체복무를 시킨다.

둘째로, 부동산투기 의혹의 경우에는 부동산 불로소득을 포기한다. 과거에 본인과 가족이 부동산을 통해 불로소득을 얻었다면 이자를 붙여 사회에 환원한다. 현재 본인과 가족이 소유하는 부동산에 대해서는, 실수요 부분을 제외한 부동산은 백지신탁하고 퇴임 후에 취득 가격과 그 이자만 돌려받는다.

백지신탁은 그 자체로도 필요하지만, 사회에 환원한 재산의 손실을 만회하기 위해 권한을 악용할 위험성도 있기 때문에 더욱 필요하다. 참고로, 주식의 백지신탁제는 이미 실시하고 있다.

범법행위는 공소시효 지나도 엄격하게

셋째로, 범법행위에 대해서는 두 경우로 나누어볼 수 있다. 공소시효가 지나지 않았다면 당연히 처벌을 받아야 한다. 금고 이상의 형을 받는 등 공무원이 될 수 없는 법정 조건이 있기 때문에, 처벌을 통해 자격 여부가 자동으로 판정될 것이다. 공소시효가 지난 경우에는, 법정 최고형을 받았다고 할 때의 손실을 부담한다. 예를 들어 위장전입의 경우 최고형이 3년 징역이므로, 자신의 인생 전성기 3년간의 소득을 사회에 환원하고 3년간 대체복무를 한다. 또 범법행위로 인해 경제적 이익을 얻었다면 물론 사회에 환원한다.

고위공직 후보자의 원죄를 씻어주는 제도를 공론화하면 이보다 더 좋은 아이디어가 많이 나올 것이다. 정치권이 서둘러주기를 기대한다.

사족

정부로서는 이런 제도를 빨리 도입할 필요성이 절실하다. 이유를 세 가지만 들어보자. 코드가 맞거나 정치적으로 필요한 사람을 고위공직자로 임명할 때 이런저런 구설수를 피할 수 있다. 기부금이 늘어나고 사회봉사가 많아져서, 대통령의 서민 행보에 힘을 실어줄 수 있다. 또 이 제도를 자진하여 소급 적용한다면 도덕성 면에서 원죄를 가지고 있는 현 정권이 거듭날 수 있다. 좋지 않은가?

『평화뉴스』 2009. 10. 26.

3부 이명박 시대의 절망

율도국에서 보는 세종시

안녕하십니까? 저는 활빈당 홍길동 할아버지가 세우신 율도국의 국민입니다. 조선, 아니 한국은 율도국의 뿌리이기 때문에 제가 특별히 관심을 가지는 나라입니다. 그런데 율도국의 상식으로는 이해하기 어려운 일이 많아 당황스럽습니다.

요즘 한국에서는 세종시 문제로 말이 많더군요. 율도국에서 듣기로는 수도권 과밀 해소와 국가 균형발전은 박정희 시대부터 주요한 국가 과제였고, 정부를 수도권 밖으로 이전하는 방안도 진지하게 검토되었다고 합니다. 그래서 저는 순진하게도, 참여정부가 행정수도를 건설한다고 했을 때 당시 야당 즉 현재의 집권당이 당연히 찬성할 줄 알았습니다. 이들은 박정희 계승 세력⁰라고 하니까요. 그러나 "좋은 안도 적이 제안하면 반대한다"는 한국 정치의 관행 때문인지 많은 논란이 있었다고 하데요. 헌법재판소까지 "서울이 수도라는 관습헌법이 있다"는 기발한 이유를 들어 제동을 걸었다고 들었습니다.

그 결과 여야 합의를 통해 생겨난 것이 지금의 세종시라지요? 정부 부처 중 일부만 이전한다는 겁니다. 타협을 하다 보니 누구도 원하지 않는 그림이 탄생한 것 같습니다. 정운찬 총리는, 후보지명 과정에서 세종시의 자족기능 부족이 문제인 듯 말을 꺼냈으나 이제는 정부가 분산되면 비능률적이라는 점을 강조하고 있습니다. 말을 슬슬 바꾸어가는 모습이 임명권자인 대통령을 닮아가고 있습니다.

정부의 분산이 비능률적이라면 두 가지 해결 방안이 있습니다. 하나는, 정부 부처를 이전하지 않는 방안입니다. 정부에서 띄우는 애드벌룬을 보면 속마음이 이쪽인 것으로 보입니다. 다른 하나는, 정부를 모두 이전하는 방안입니다. 그런데 이 방안은 아예 생각조차 하지 않는 듯합니다. 왜 그럴까요? 헌법재판소의 위헌 결정을 존중해서일까요? 그러나 미디어법의 절차는 위법이라고 헌재가 지적했는데도 정부와 여당이 시정하려고 하지 않는 걸 보면 이건 그리 설득력이 없네요. 그렇다면 좋은 것은 모두 서울에 두고 싶은 서울중심주의 때문이겠지요.

율도국의 상식에 의하면, 이런 상황에서 정부가 할 일은 두 가지입니다. 하나는, 정부를 분산하면 심각한 비능률이 생긴다는 점을 입증해야 합니다. 통신이 발달하고 화상회의도 얼마든지 실감나게 할 수 있는 시대이지만 지리적 근접성이 그래도 매우 중요하다는 증거를 제시하고 국민의 이해를 구해야 합니다. 지금처럼 막연히 비능률적이라고 해서는 안 되

3부 이명박 시대의 절망

겠지요.

또 하나는, 이런 점을 충분히 입증한 후에 정부를 모두 세종시로 옮기는 안과 서울에 그대로 두는 안을 국민투표에 부쳐 갈등을 해소하는 일입니다. 그 결과 모두 옮기는 안이 가결된다면, 헌재가 말한 '관습헌법'의 존재를 국민이 부정하는 셈이 되니까 위헌 문제도 동시에 해결되겠지요. 반면 모두 서울에 두자는 안이 가결되면 정부는 국민과의 약속을 저버렸다는 비난을 받지 않고 소원을 달성할 수 있습니다. 대통령이 국가 백년대계를 생각한다고 했으니 이 정도 결단은 할 것으로 예상합니다. 저는 역시 너무 순진한가요?

이렇게 하지 않으면 한국은 별다른 이유 없이 국민과의 약속을 깨뜨리는 나라라는 비판을 감수해야 합니다. 제발, 우리 율도국 사람이 자녀에게 한국을 자랑할 수 있도록 해주세요. 우리는 뿌리가 같잖아요.

『경향신문』 2009. 11. 11.

검찰은 수구동맹을 지키는 칼인가

"무죄 판결이 나더라도 흠집만 내면 된다"

최근, 검찰은 한명숙 전직 총리를 기소했다가 일심에서 패소했습니다. 전직 대통령에 이어 전직 총리와 같은 높은 분을 수사했다니 검찰의 기개가 돋보입니다. 그러나 한편으로는, 현 정부 들어 검찰이 미네르바, 전 KBS 사장, 〈PD수첩〉, 교사 시국선언 등 여러 차례 무리한 대응을 해왔는데 이번 사건도 그 연장선에 있는 게 아닌가 하는 의심도 듭니다.

선고 후 한나라당이 내놓은 논평이 이런 의심에 근거를 줍니다. 한나라당 조해진 대변인은 "판결의 결론과는 달리 이번 사건의 수사와 재판 과정에서 한 전 총리의 부도덕한 실체가 그대로 드러났다"고 하였고 또

"법적 유무죄와는 별개로 한 전 총리가 공인으로서 도덕적으로 자격이 있는 사람인가에 대해서 국민들은 이미 마음으로 냉정하게 심판을 내렸다"고 하였습니다. 왜 이런 논평을 하는 걸까요? 검찰이 독자적인 판단에 의해 오로지 정의를 바로 세우기 위해 기소했다면 이와 무관한 정부·여당은 그냥 조용히 있는 것이 상식 아닌가요? 물론, 이런 논평은 집권층이 검찰에게 수사를 지시했다는 증거가 되는 것은 아닙니다. 그러나 적어도, 비판 세력에 대해서는 무리한 수사를 하더라도 집권층이 좋아한다는 걸 알 수는 있습니다. 그러다가 유죄 판결이 나면 좋고 무죄 판결이 나도 흠집만 내면 된다는 것이지요. 집권층에 이런 분위기가 있다면 검찰이 영향을 받지 않을 수 없겠지요.

정권의 탓인가, 검찰의 탓인가?

검찰 전체가 권력자의 비위를 맞추기 위해 무리를 하는 것은 아니라고 믿고 싶습니다. 필자가 속한 교수집단에도 정권의 눈치를 보는 사람이 있기 때문입니다. 심지어 유신헌법을 찬양하면서 박정희가 지명하는 유정회 국회의원을 하려고 운동을 한 사람도 있었습니다. 어느 조직이든 그런 사람은 있기 마련입니다. 이런 측면에서만 본다면, 검찰이 문제라기보다는 검찰을 활용하여 정치적 목적을 달성하려는 정권이 문제라고 하는 게 맞겠지요.

그러나 집단으로서의 검찰은 정말 괜찮은가요? 노무현 정부 때는 살아있는 권력에 칼을 겨누며 기개를 뽐내던 검찰이 왜 이 정부 들어 갑자기 태도를 바꾸는 것일까요? 이에 대해, 검찰은 기득권을 수호하는 수구동맹의 중요한 한 축이기 때문이라고 보는 시각도 있습니다.

대부분의 사람은 높은 사회적 지위를 지향합니다. 권력과 재산과 명예를 얻고 싶어합니다. 그러므로 누구라도 공정한 과정을 통해 사회의 상층부에 편입된다면 이상할 것이 없습니다. 검사들도 마찬가지입니다. 사법시험이라는, 적어도 형식상으로는 공정한 관문을 통과해서 검사가 되었기 때문입니다.

검찰은 수구동맹의 중요한 한 축

문제는 일단 상층부에 편입되면 폐쇄적 동맹의식이 형성되어 내외의 비판에 대해 방어적인 태도를, 심하면 적대감까지 공유하게 된다는 겁니다. 수구동맹에 도전하는 세력이 생기면, 대대로 상층부에 속했던 집단은 '너 따위가 어딜 감히……'와 같은 반응을 보이게 됩니다. 물려받은 것 없이 상층부로 진입한 자수성가형은 '내가 어떻게 해서 얻은 자린데……'와 같은 반응을 보입니다. 그도 저도 아닌 사람 중에도 기존 질서에 젖어 개혁에 대해 반감을 갖는 경우가 흔히 나타납니다.

기득권과 거리가 있어 보였던 노무현 씨가 대통령이 되자 한나라당 최병렬 대표는 '나는 그를 대통령으로 인정하지 않는다'고 했고 검사들은 대통령에게 대들었습니다. 기득권 옹호와는 방향이 다른 복지정책과 지역균형정책 그리고 부동산 부자에게 부담이 되는 종합부동산세를 내놓은 노무현 정부에 대해 수구동맹은 멸시와 야유를 퍼부었습니다.

그러다가 이명박 정부가 들어서자 반동의 시대가 되었습니다. 상류층은 환호하였고, '잃어버린 10년'을 되찾는다면서 지난 정부에 흠집을 내고 새 정부에 대한 비판을 봉쇄했습니다. 이런 목적에 앞장선 검사들은 영전을 했습니다. 이런 사람은 일부 정치검사일 뿐이고 그들의 행동은 검찰조직 전체를 놓고 보면 사소한 돌출행동에 불과할까요?

'국격'을 해치는 수구동맹과 검찰

만일 그렇다면 검찰 내부에서 강한 자성의 소리가 나와야 합니다. 상명하복이라는 검찰조직의 특성을 핑계로 입을 봉하고 있는 건가요? 집단으로서의 검찰에게 묻습니다. 대부분의 검사는 이 동맹에서 자유롭다고 자신할 수 있나요? 물론, 제가 속한 교수집단도 자유롭지 않습니다. 그러나 무서운 칼을 가진 검찰의 책임이 더 크지 않을까요?

차별과 배제의 수구동맹은 사회의 기회불균등을 고착시킬 뿐 아니라, 현 정부가 중시하는 '국격'에도 해롭습니다. G20 회의를 유치하여 국격을 높였다고 자부하는 대통령님, 그리고 대통령의 지시를 받아 국격을 높이려고 애쓰는 총리님. 국격을 높이려면 철없는 검찰을 좀 타일러주세요. 총리실에서 발표한 국격 높이기 5대 추진 방향에 '나누고 배려하는 따뜻한 나라'가 두 번째로 들어 있는데, 검찰이 칼로 지키려는 수구동맹으로는 이런 나라가 될 수 없다는 단순한 진리를 가르쳐주세요. (이런 걸 기대하다니, 저는 역시 순진한가요?)

『평화뉴스』 2010. 4. 19.

'나만주의'에서 '너도주의'로

불과 1년 전 4·29 보선에서 보수 성향의 표심이 이명박 정권에 등을 돌리자 보수진영이 한숨을 지었다. 그런데 사실상 현 정권을 심판하는 선거라고 할 수 있는 6·2 지방선거를 앞두고 있는 시점에 진보진영의 앞길은 순탄해 보이지 않는다.

진보는 기존 질서를 바꾸려고 한다. 현실에 적응해서 살 수밖에 없는 평범한 국민은 진보가 부담스럽다. 판을 바꾸면 새로 적응해야 하기 때문이다. 그래서 이념적으로 진보도 보수도 아니지만 결국 보수진영에 표를 던지게 된다. 연령이 높을수록 보수 성향을 띠는 것은 이런 이유에서다. 천안함 침몰 사태처럼 무언가 불안한 상황이 조성되면 보수 지지도가 높아지는 것도 이런 이유에서다.

현실 진보와 보수의 구성을 보면

추구하는 이념에 따라 사람의 태도를 흔히 좌/우로 분류한다. 좌파는 평등, 분배, 복지, 사회연대, 큰 정부를 추구하는 반면 우파는 자유, 성장, 시장, 자기 책임, 작은 정부를 추구한다는 것이 일반적인 시각이다. 우리나라처럼 오랜 세월 우파가 지배한 사회에서 보수는 곧 우파로 연결된다. 사회주의 국가에서라면 우리와 반대로 좌파가 보수다.

이념 아닌 다른 기준에 의해서도 사람의 태도를 분류할 수 있다. 그중 '너도주의'와 '나만주의'에 주목하고 싶다. 너도주의란 자신이 대접받고 싶은 대로 남을 대접한다는 입장이다. 너와 나의 처지를 바꾸어서 생각한다는 역지사지의 원리, 공평의 원리라고도 할 수 있다.

반면 나만주의는 나에게 이익이 되면 그만이라는 이기적 입장이다. 나에게 적용하는 기준과 남에게 적용하는 기준이 달라도 상관없다. 역풍보다 이익이 크다면 반칙도 주저하지 않는다. (이론상으로는 이타적인 '너만주의'도 가능하지만 무시해도 좋을 만큼 비중이 작지 않을까?)

[표] 진보와 보수의 구성

	진보 (좌)	보수 (우)
너도주의	평등, 분배, 복지, 사회연대, 큰 정부	자유, 성장, 시장, 자기 책임, 작은 정부
나만주의	무임승차, 타인 의존	승자 독식, 기득권 수호

진정한 진보와 보수는 너도주의와 통한다. 하지만 현실에는 나만주의가 만연해 있다. 진보 쪽에는 무임승차를 바라고 남에게 의존하려는 사람이, 그리고 보수 쪽에는 승자 독식을 원하고 기득권을 수호하려는 사람이 적지 않다. 이런 관계를 표로 나타내면 앞의 표와 같다.

무상급식 화두와 지방선거

현재 인류의 수준은 대체로 나만주의에 가깝지 않을까? 누구나 나만주의를 비판하지만 자신의 나만주의에는 관대하고 상대의 나만주의에는 매섭다. 이성으로 견해차를 해소하지 않고 적대와 증오로 치닫는다. 서로 상대 진영의 나만주의를 공격하여 표를 구한다.

이번 지방선거에서는 무상급식이 화두가 되어 있다. 학교 급식을 교육의 한 방법이라는 각도에서 바라본다면 이념과 무관한 화두이기도 한데, 보수진영에서는 반대한다. 무상급식 공약은 나만주의에 영합하려는 포퓰리즘이라고 공격하고 싶어한다. 반면 진보진영에서는 거의 예외 없이 무상급식에 찬성이다. 무상급식에 반대하면 차별과 배제의 승자 독식이라고 비판하고 싶어한다.

그런데 오랫동안 시민단체에서 일하면서 진보로 분류되어온 분이 서울교육감에 출마하면서 무상급식 반대 공약을 냈다. 젊어서부터 필자가 잘 아는 분이어서 여러 가지 생각을 해보았다. 직접 해명을 듣지는 않았지만, 표심을 잡기 위해서라기보다는 나만주의는 곤란하다는 소신 때문에 그런 결정을 한 게 아닌가 생각하고 싶다.

나만주의 극복이 선거 승리보다 근본

우리가 나만주의를 벗어나 너도주의 쪽으로 수준이 높아진다면 지금보다 훨씬 행복해진다. 너도주의를 취하는 좌/우는 이성적인 대화가 가능하다. 우파도 궁극적으로 좌파가 추구하는 가치가 옳다는 점을 부인하지 않을 것이고, 좌파도 현재 상태로는 우파의 견해에 일리가 있다는 점을 부인하지 않을 것이다.

너도주의 세상에서는 무상급식과 같은 민감한 쟁점도 진실된 토론을 통해 합의에 도달할 수 있다. 진보가 집권하든 보수가 집권하든 세상은 지금보다 더 좋아질 것이다. 진보의 목적이 사회연대를 통해 개인 삶의 불안을 해소하는 데 있다는 점을 평범한 국민도 이해하게 되어 보수 쏠림 현상 역시 바뀔 것이다.

눈앞의 선거에서 승리하는 것도 물론 중요하다. 선거 결과도 국민의 태도를 바꾸는 데 기여할 수 있기 때문이다. 그러나 우리가 더 관심을 가져야 할 과제는 목전의 승리보다 나만주의의 극복이 아닐까?

『평화뉴스』 2010. 5. 17.

율도국에서 보는 '공정사회'

안녕하십니까? 저는 활빈당 홍길동 할아버지가 세우신 율도국의 국민입니다. 조선, 아니 한국은 율도국의 뿌리이기 때문에 제가 특별히 관심을 가지는 나라입니다.

2010년, '정의'와 '공정'에 대한 관심 폭발

2010년 한국사회는 남북관계 악화로 인해 큰 시련을 겪었습니다. 천안함과 연평도가 아마도 매스컴에 가장 자주 등장한 단어가 아닐까 합니다. 그러나 이건 현 정권이 북한 무시 정책을 유지해온 결과이므로 새삼 놀랄 일은 아닙니다. 그보다는 부자 감세와 인권 후퇴로 일관해온 정부가 '공정사회'를 말하고, 무한경쟁을 해서라도 잘살면 그만이라고 생각하는 것처럼 보였던 나라에서 마이클 샌델 교수의 『정의란 무엇인가』라는 철학서가 엄청난 판매 실적을 올렸다는 사실이 더 놀랍습니다.

'정의'란 아무도 억울하지 않은 상태를 말합니다. 힘을 가진 국가나 조직이 권한을 남용하면 억울한 일이 생깁니다. 촛불집회를 했다고 불이익을 받는다거나 노조활동을 한다고 사장에게 매질을 당하면 정말 억울하지요. 또 제도의 이름으로 차별적인 대우를 받아도 억울합니다. 누구는 인삼뿌리 먹고 누구는 무시뿌리 먹는 경우입니다. 이와 같은 상대적 억울함이 없는 상태를 '공정'이라고 할 수 있겠지요. 이렇게 보면 공정은 정의의 한 측면이 됩니다.

율도국에서는 공정한 사회제도를 위해 진지한 사회 논쟁을 벌인 일이 있었습니다. 혹 참고가 되실까 하여 소개해드리고 싶습니다. 국민 사이에 공정에 대한 견해가 일치하지 않는 것은 아주 자연스러운 현상입니다. 견해 차이를 어떻게 수렴하여 일관된 정책을 만들어내느냐가 중요할 뿐입니다.

모든 국민은 똑같이 존엄하다

율도국은, 적서차별의 쓰라림을 겪은 홍길동 할아버지의 건국이념에 따라 '모든 인간은 존엄하며 또 똑같이 존엄하다'는 확고한 신념을 가지고 있습니다. 그래서 국가는 인간적 존엄성을 지킬 수 있는 수준의 기본생활 즉 기본적인 의식주, 교육 및 보육, 의료를 모든 국민에게 완전히 그리고 똑같이 보장합니다. 율도국은 출발할 때부터 복지국가였습니다.

다만 재원 마련 방식에 관해서는 다양한 입장이 있었습니다. 재원이 무엇인지 상관할 필요가 없다는 입장도 있었으나, 토론을 계속하면서 재원에 따라 공정성에 차이가 있다는 점을 인식하게 되었습니다. 그래서 재원의 우선순위를 정하는 쪽으로 가닥을 잡았습니다. 구체적으로는, 복지를 포함한 정부 비용은 그 명목이 무엇이든지 궁극적으로는 국민의 소득에서 충당하는데 어떤 소득부터 징수하는 것이 공정한가에 초점이 맞추어졌습니다.

최우선적인 재원에 대해서는 쉽게 합의하였습니다. 율도국민은 똑같이 존엄하므로 누구에게도 특권을 인정해서는 안 됩니다. 그러나 불가피하게 특권을 설정할 경우에는 그 특권으로 인한 이익을 모두 환수하여 가장 우선적인 재원으로 삼기로 하였습니다. (물론 범법자의 벌금이나 추징금, 과태료 등이 최우선이지만 이 점은 논외로 하겠습니다.)

공정사회에서는 특권이익 환수부터

"불가피하게 특권을 설정한다고?" 그렇습니다. 예를 들면 사람이 살기 위해서는 누구나 자연을 활용해야 하는데 하늘로부터 주어진 자연을 특정인이 독차지한다면 이건 특권입니다. 그러나 어느 정도의 토지소유, 천연자원 채취, 환경오염을 허용하는 것은 불가피합니다. 또 정부가 공익 목적으로 특권을 설정할 때도 있습니다. 예를 들면 수도·전기·가스·통신과 같은 공익적 독과점사업을 일부 기업에게 특허할 수 있습니다. 또 일시적으로 일부 기업에게 특혜를 주는 불균형 성장 전략을 취하는 경우도 있습니다.

재원의 다음 순위는 모든 국민에게 인생의 출발을 동일하게 만들기 위한 환수액으로 합의하였습니다. 출발의 불평등을 초래하는 요인으로는 천부적 자질, 가정환경, 상속 재산이 있는데, 이 중에서 상속으로 인한 불평등을 막기 위해 강력한 상속세 제도를 채택하였습니다.

천부적 자질과 가정환경의 차이에서 생기는 소득격차를 방지하여 출발을 동일하게 만드는 정책에 대해서도 격론을 벌였지만, 자질의 발휘를 억제한다거나 개인에 대한 지나친 간섭을 초래할 염려가 있다는 반론도 적지 않았습니다. 그래서 이런 요인에 의한 소득격차는 혹 재원이 불충분할 경우에 한하여 소득세를 통해 보정하기로 하였지만, 아직 그런 예는 없었습니다. 정부가 꼭 할 일만 한다면 그 이상의 재원이 필요없다는 것이 율도국의 역사를 통해 증명되었습니다.

종부세 무력화, 상속세 폐지론은 공정사회 역행

한국에서는 현 정부 들어 종합부동산세 무력화를 강행했고 다른 부자 감세도 공정성과는 무관한 기준에 따라 이루어졌습니다. 최근에는 상속세 폐지론까지 들먹이고 있다고 들었습니다. 율도국의 공정성과는 반대되는 흐름입니다. 한편, 최근에는 보편적 복지를 추구하는 움직임도 있다고 하는데, 이분들이 복지를 위한 공정한 재원에 대해서는 별 관심을 보이지 않는 것이 이상합니다.

율도국의 공정성이 유일한 정답이라고는 하지 않겠습니다. 그러나 어느 나라든 공정성에 대해 철저히 고민한다면 율도국과 거의 같은 결론에 이를 것으로 생각합니다. 율도국 자녀들에게 한국을 자랑할 수 있게 해주세요. 우리는 뿌리가 같잖아요.

『평화뉴스』 2010. 12. 12.

3부 이명박 시대의 절망

민주 절차는 MB 인사의 적인가

이명박 정부가 '빼앗긴 10년'을 되찾는다면서 무리한 인사를 많이 한 것은 잘 알려져 있다. 〈PD수첩〉이 얼마 전 보도한 낙하산 인사 통계를 보면 노무현 정부 시절 5년간 185명에 비해 이명박 정부에서는 3년간 306명에 달한다. 숫자도 숫자이지만, 자기 사람 심으려고 전임자를 (KBS 정연주 전 사장처럼) 부당하게 쫓아낸 사례도 적지 않다. 지금 진행 중인 대구대 사태처럼 사립대를 주인(?)에게 돌려준다는 이상한 인사 방침을 고집하기도 한다.

　오늘은 새로 바뀐 국립대 단과대학장 임명 제도를 소개하려고 한다. 대학 인사 따위에는 관심을 두지 않는 분이 많으실 것으로 알지만, 이명박 정부의 몰상식을 잘 드러내는 추가 사례의 하나로 감상해보시는 것도 재미있지 않을까 싶다.

학장 임용에 평교수 의견 차단

교육부는 지난 2월 1일자로 〈교육공무원 임용령〉을 개정하여, 단과대학
장 임용을 이렇게 하기로 하였다.

> 제9조의4 (단과대학장의 임용) (…) 단과대학장을 보할 때에는 그 대상
> 자의 추천을 받거나 선출의 절차를 거치지 아니하고 해당 단과대학 소
> 속 교수 또는 부교수 중에서 직접 지명하여 보한다.

총장이 학장을 임명할 때는 평교수의 의견 반영 기회를 철저히 차단
하고 총장이 전횡해야 한다는 내용이다.

1980년 후반 민주화 이전에 총장이 되려는 교수는 청와대 등 정치권
과 (당시) 문교부에 잘 보여야 했고 APC로 약칭되는 중정, 경찰 및 군 정
보 계통을 통해 좋은 보고가 올라가도록 애를 썼다. 또 단과대학 학장이
되려는 교수는 그런 총장에게 잘 보여야 했다. 그러니 총장이든 학장이든
연구와 교육을 어떻게 잘 뒷받침할 것인지에 대해서는 신경을 쓰지 않았
다. 이들의 제1의 관심사는 정권의 안보를 위해 비판적 교수를 잠재우고
학생 데모를 막는 데 있었다.

학장 선거가 최선은 아니라고 해도

그래서 교수들은, 총장과 학장의 임용에 교수들의 의견을 반영하는 방식을 쟁취하였다. 총장선거제는 법령에 의해 공식화되었고, 학장의 경우는 단과대학 교수들이 선거를 해서 2배수 정도 추천을 하면 총장은 못 이기는 척 1위 교수를 학장으로 임명하는 관행이 확립되었다. 때로는 추천된 후보가 대학 인사위원회에서 부결되는 사례도 있었지만 예외적인 일이었다.

이런 학장 임용 방식을 학내외에서는 '학장 선거'라고 부르지만 정확하게 표현하면 학장 후보 추천일 뿐이다. 총장이 인사위원회를 거쳐 임명을 해야 학장이 되기 때문이다. 이런 점에서, 선거 승리가 곧 당선으로 이어지는 일반 선거와는 다르다. 그럼에도, 총장직선제가 공식화되고 학장 후보 추천이 관행이 된 지금은 학장 하려고 정치권을 기웃거리거나 총장에 아부하는 교수는 사라졌다. (그 후 상당수 사립대에서는 총학장 임용이 종전 방식으로 돌아갔다.)

모든 제도에는 일장일단이 있기 마련이고 '학장 선거'에도 물론 부작용이 있다. 필자는 아직은 학장 선거의 순기능이 더 많다고 생각하지만, 총장직선제와 학내 민주화가 정착된 경우라면 학장 선거가 꼭 필요하다고 생각하지도 않는다. 학장을 선거나 추천 없이 총장이 임명하더라도 대학의 상식에 어긋나는 부당한 인사가 아닌지 검증하는 절차를 두는 정도로도 충분하다고 생각한다. 어느 쪽을 선택할 것인지는 대학에 맡기면 된다.

민주 질식, 유신시대의 끔직한 기억이

그런데도, "총장이 학장 후보의 추천을 받아서도 안 되고 평교수가 후보를 선출해서도 안 된다"고 법령에 명시하다니. 너무나 황당하다. 간부를 선거로 뽑던 학생회를 없애고 학도호국단을 만들어 민주주의를 질식시킨 유신시대의 끔찍한 기억이 떠오른다. 초등학생도 반장을 내 손으로 선출하는데 대학에서 이게 무슨 짓인지.

정권의 거듭되는 비행을 접하면서, 지난 대선 때 이명박 후보를 지지했던 양식 있는 보수를 동정하게 된다. (자신의 신념에 따라) 좌파를 밀어내고 정권을 교체했더니 그 정부가 온갖 무리수를 두면서 민주·인권·자유 등 진정한 보수의 가치를 훼손하고 있기 때문이다.

이러고서야 어떻게 다음 대선에서 보수에 표를 달라고 할 것인가? "죄송합니다. 지난번에는 저희가 대표선수를 잘못 뽑았습니다. 이번 선수는 진짜입니다" 할 것인가? 궁색하지만 이렇게라도 호소하려면 지금부터라도 정권을 감싸기보다는 뼈저린 비판과 함께 내부의 압력을 높여 가시적인 시정조치를 이끌어내주면 좋겠다. 필자처럼 반대파라고 찍힌 사람은 백날 충고해봤자 아예 색안경을 끼고 보니까 부탁하는 말이다.

『공동선』 2011년 5-6월호

4부

복지 · 교육 · 한디FTA

내 돈으로 내 삶을 보장합시다

고정관념이란 무섭습니다. 오랫동안 익숙해진 대상에 대해서는 의문을 잘 제기하지 않습니다. 심지어 누가 의문을 제기하면 화가 나기까지 합니다. 그렇더라도 사회복지에 대한 상식적인 의문 두 가지만 제기해볼까요?

첫째로, 사회복지의 재원 문제입니다. 사회복지계에서는 국가가 세금을 걷으면 된다고 쉽게 생각합니다. "그렇다면 세금은 누가 내지?" "나 말고 다른 사람이 낸다, 왜?" 이렇게 되면 합리적인 사회복지라고 할 수 없습니다.

그런데 만일 모든 국민이 생래적으로 평등한 지분을 갖는 사회기금이 있다면 이 문제는 쉽게 해결됩니다. 그런 기금이 있을까요? 물론 있습니다. 아무도 생산하지 않았지만 모든 국민을 위해 존재하는 것, 인구가 증가하고 산업이 발전할수록 그 가치가 불어나는 것이 있습니다. 자연입니다. 자연의 가치를 매년 모든 국민에게 나누어주면 누구나 자기 생활을 자기 돈으로 해결할 수 있습니다. 모든 국민에게 무조건 일정한 금액을 나눠준다는 점에서는 유럽에서 공감대를 넓혀가고 있는 '기본소득'basic income과 비슷하지요. 그러나 '기본소득'은 그 재원이 일반 조세인 데 비해, 이 경우는 자연의 가치에 대한 자신의 지분이라는 차이가 있습니다. 일인당 금액이 최저 생활비에 못 미친다면 보험 방식을 사용하면 됩니다.

저는 자연은 우리 모두의 것이라는 사상을 '지공주의'地公主義라고 부르고, 자연의 가치를 재원으로 삼는 사회보장을 '지공주의 사회보장'이라고 부릅니다. 이런 사회보장에 대해서는 아무도, 아무리 극단적인 시장주의자라고 하더라도, 반대할 명분이 없습니다. 재분배가 아니기 때문입니다.

둘째로, 사회보장 수급액은 일단 받으면 그만이고 갚을 의무가 없을까요? 인생은 기복이 있는데 한때 가난하지만 다른 시기에는 부유하게 산다면 어떻게 하는 게 좋겠습니까? 스키장처럼 여름에는 굶고 겨울에는 잘산다면 어떻게 하는 게 좋겠습니까? 물론 기본소득 방식을 쓰면 모든 사람이 다 수급자이므로 갚을 의무가 없습니다. 그러나 보험 방식이라면? 또 지금처럼 세금으로 사회보장 재원을 마련하는 경우에는?

남에게 점심 한 끼라도 얻어먹으면 다음에 갚는 것이 인지상정입니다. 그렇다면 일생 중 못살 때는 복지 수급자가 되고 잘살 때는 이걸 갚는 방식이 좋겠지요. 그래서 저는 수급액 상환 의무를 두어야 한다고 생각합니다. 상환액을 사전에 적립해두는 방식을 두면 더 좋겠다고 생각합니다.

사전 적립 방식까지 둔다면 세금으로 재원을 조달하는 현재와 뭐가 다르냐고 생각하시는 분도 계실 것입니다. 그러나 기본적인 인식이 다릅니다. 내 생활을 내 돈으로 해결하느냐, 남에게 의지하느냐?

내 돈으로 내 삶을 보장하는 세상, 혹 얻어먹었으면 되갚는 세상 이것이 우리가 추구해야 할 세상이 아닐까요?

『함께하는 세상』(우리복지시민연합) 2010년 8월호

큰 정의는 큰 복지

복지가 정치권을 달구고 있다. 복지는 자선 또는 사치라고 여겨왔던 우리 풍토에서 복지 논쟁이 전면에 부상한 것은 놀라운 일이다. 6·2 지방선거에서 '무상급식' 구호가 먹히자 야권은 무상의료, 무상보육을 추가로 내세우고 있으며 박근혜 의원까지 '맞춤형 복지'를 내걸면서 복지는 당분간, 적어도 다음 대선까지는, 우리 사회의 가장 뜨거운 쟁점이 될 것으로 보인다.

과거에는 복지를 대가족과 이웃사촌이 담당해왔으나 이제는 사회가 맡을 수밖에 없도록 시대가 변했다. 대가족과 이웃사촌은 그래도 피가 통하고 인정이 통하는 집단이지만 사회는 그렇지 않다. 세금으로 복지 재정을 마련하면 "모르는 사람을 왜 내 돈으로 부양해야 하나?" 하고 반대하는 사람이 있기 마련이다. 그래서 복지 논쟁에는 '세금폭탄론'이 난무하고, 도와주기 시작하면 버릇만 나빠진다는 공격이 나온다.

노력, 능력, 운 그리고 특권과 차별

복지 수요는 결국 소득이 적어서 생기는데, 소득에 영향을 주는 원인에는 여러 가지가 있다. 알기 쉽게 성적을 예로 들자면, 열심히 노력한다고 해서 모두 성적이 잘 나오는 것은 아니다. 평소 실력이나 두뇌와 같은 능력에 따라 성적이 달라진다. 또 자신이 공부한 범위와 문제의 관계 또는 그날의 일진과 같은 운도 작용한다. 거기다가 100점 만점 시험에서 어떤 학생에게는 무조건 30점을 보태주거나 깎는 제도가 있다면 그 역시 성적에 큰 영향을 준다. 즉 보통의 경우에는 노력, 능력, 운이 원인이 되고 그 밖에 특권과 차별도 원인이 된다는 말이다.

이런 여러 원인의 정당성에 대해 공개 토론을 벌인다면 어떤 결과가 나올까? 노력의 정당성은 만장일치로 합의할 것이다. 특권과 차별이 부당하다는 데에도 모두 동의할 것이다. (속마음으로는 특권과 차별의 존속을 바라는 사람도 있겠지만……) 운이 떳떳하지 않은 원인이라는 점에도 대체로 합의하겠지만, 운의 영향을 정부가 나서서 줄이자는 데는 반대도 있을 것이다. 자유를 중시하고 정부 개입을 싫어하는 사람도 있고 운의 영향을 측정하기도 어렵기 때문이다.

특권과 차별의 사회구조를 고쳐야

이런 예상이 맞다면 정부는 노력의 결과를 보호하는 동시에 특권과 차별의 사회구조를 고쳐야 한다. 특권과 차별의 예를 들면, 과거에는 신분·인종·성별 등에 의한 불평등이 있었고, 요즘에는 토지소유자와 비소유자, 대기업과 중소기업, 정규직과 비정규직, 수도권과 비수도권, 일류 학교 출신과 나머지 간의 불평등이 있다.

노력도 기여도 없이 단지 땅을 소유한다는 이유만으로 불로소득을 얻는 사회. 대기업이 중소기업을 쥐어짜는 사회. 신분이 불안정한 비정규직의 임금이 더 높아야 하는데도 거꾸로 되어 있는 사회. 수도권에 권력과 기회가 집중되는 사회. 학벌에 따라 인생이 달라지는 사회. 이런 사회에서 복지를 논하는 자체가 너무 어색하다.

대증요법 아닌 원인 제거를

특권은 불로소득을 낳고 차별은 책임 없는 손실을 낳는다. 특권과 차별을 그대로 둔 채 복지를 말할 수 있나? 특권과 차별로 인해, 사람들이 매일 가난의 늪에 빠지고 또 빠지고 있는데, 건져내기에만 신경 써서 될까? 병의 원인을 놔두고 증상만 다스려서는 치료도 어렵고 재발을 막을 수도 없다. 때에 따라서 대증요법이 필요할 수도 있겠지만 그보다는 원인을 없애는 것이 당연히 더 중요하다.

특권과 차별이 없어지면 사회가 건강해져서 복지 수요는 크게 줄어든다. 물론 그렇다고 해서 복지 수요가 모두 사라지는 것은 아니다. 선천적·후천적으로 삶의 능력을 상실하는 사람이 있기도 하고, 생장환경 탓으로 능력을 배양할 기회를 얻지 못하는 사람도 있기 때문이다. 그렇다면 한편으로는 복지를 제공하고 또 한편으로는 충분한 교육의 기회를 제공하면 된다.

복지 확대냐 특권과 차별 철폐냐? 둘 중 하나를 골라야만 한다면(응급조치로서의 복지를 제외한다면) 필자는 단연코 특권과 차별 철폐다. 큰 정의는 그 자체로 큰 복지이기 때문이다.

『평화뉴스』 2011. 2. 13.

기독교의 시장과 복지

너무나 유명하여 새삼 인용할 필요가 없는 산상설교의 일부다.

> 내가 너희에게 말한다. 목숨을 부지하려고 무엇을 먹을까 또는 무엇을 마실까 걱정하지 말고 몸을 감싸려고 무엇을 입을까 걱정하지 말아라. (…) 공중의 새를 보아라. 씨를 뿌리지도 않고 거두지도 않고 곳간에 모아들이지도 않으나 너희의 하늘 아버지께서 그것들을 먹이신다. (…) 너희의 하늘 아버지께서는 이 모든 것이 너희에게 필요하다는 것을 아신다. 너희는 먼저 하나님의 나라와 하나님의 의를 구하라. 그리하면 이 모든 것을 너희에게 더하여 주실 것이다."
>
> —마태복음 6:25–33 발췌, 『성경전서』 표준새번역 개정판

사람들이 너무 물질에만 매달려 하나님을 잊고 사니까 이를 경계한 구절이라고 생각된다. 혹 '사람도 새처럼 농사를 짓지 않고 살 수 있다는 것인가?' 하고 의아해 할 수도 있을 것이다. 그러나 새는 새대로 인간은 인간대로 창조의 뜻에 맞추어 살아가면 된다는 말씀이라고 생각된다. 필자가 보기에 핵심은 "너희는 먼저 하나님의 나라와 하나님의 의를 구하라. 그리하면 이 모든 것을 너희에게 더하여 주실 것이다"에 있다. '하나님의 의를 실천하면 물질은 해결된다' 또는 '하나님의 의에 부합하는 경제제도에는 복지제도가 들어 있다'는 뜻이 아닐까?

성토모(성경적 토지정의를 위한 모임)에서는, '하나님의 의'를 실천하는 경제제도는 희년 경제제도*이고 그 핵심에 지공주의가 있다고 본다(지공주의地公主義는 "토지는 하나님의 것"(레위기 25:23)이라는 사상이다). 시장은 하나님의 뜻에 맞는 경제제도이지만 지공주의가 바탕이 되지 않으면 진정한 시장이 아니라는 것이다. 이런 입장은 복지에 대해서도 다를 수 없다. 희년 경제에서는 '시장 따로 복지 따로'가 아니라 시장과 복지가 같은 원리에 의해 작동되어야 한다.

그러나 현실에서 시장과 복지는 대립하고 있다. 시장주의자는, 복지는 베푸는 자의 자선 또는 사회불안을 해소하기 위한 불가피한 장치라고 보아 최소한에 그쳐야 한다고 주장한다. 그러나 복지주의자는, 복지는 인간의 당연한 권리이며 확대할수록 좋다고 보며 그 수단의 시장친화성 여

---

* 『구약성서』에 나오는 제도로서 매 50년마다 돌아오는 희년에는 토지를 원 주인에게 돌려주고 부채를 탕감하며 노예를 해방시킨다.

부는 별로 고려하지 않는다.

복지가 베푸는 자의 자선이라면 권리도 의무도 없다. 그러나 복지가 받는 자의 권리라면 주는 자의 의무가 존재한다. 따라서 복지가 권리인 동시에 시장친화적이 되려면 권리와 의무가 시장원리와 조화를 이루어야 한다. 예를 들면, 복지 재원이 타인의 정당한 사유재산으로 조성되어서는 안 된다. 수급자도 정당한 권리의 근거 위에서 복지 혜택을 받아야 하며 혹 그 이상의 급여가 불가피한 경우라면 상환 의무를 져야 한다. 복지 공급이 경쟁적으로 이루어져서 수급자가 선택할 수 있는 폭이 넓어진다면 더욱 좋다.

얼른 생각하기에, 이런 조건을 충족시키는 복지는 불가능한 것으로 보인다. 그러나 지공주의에서는 가능하다. '생존권보험'을 기반으로 하는 복지제도를 두면 된다. 생존권보험은 모든 사람에게 인간다운 최저생활을 보장하기 위한 사회보험이다.

사람의 처지는 선택과 운에 의해 결정된다. 그러므로 누구나 자신으로서는 어쩔 수 없는 운 때문에 불우하게 될 수 있다. 생존권보험은 이에 대비하는 제도로서, 모든 인간은 출생 전에 자신의 지대 지분으로 보험료를 지불한 것으로 간주한다. 이러한 생존권보험은 가입이 강제되는 자동차보험과 별로 다르지 않다. 다만, 선천적으로는 불우하게 될 확률이 동일하기 때문에 보험료가 같을 뿐이다.

보험 사고가 발생하면, 즉 소득이 인간다운 생활에 필요한 비용에 미달하면, 보험 가입자가 보험금을 청구한다. 보험금은 소정의 생활비와 실소득 간의 차액이 된다. 수령자는 당연한 권리를 행사하는 것이므로 주눅

이 들 필요가 없고 다른 사람도 배 아파할 이유가 없다.

한편, 선택에 의해 빈곤층이 된 사람은 원칙적으로 보험금을 수령할 권리가 없다. 다만 절대빈곤에 빠진 사람을 인도적 차원에서 구제하지 않을 수는 없으므로 본인이 원한다면 보험금을 지급한다. 그러나 수령자에게 상환 의무를 부과한다. 이것도 자동차보험과 비슷하다. 자동차를 소유하면 반드시 가입해야 하는 보험(강제책임보험) 중 대인배상은, 가입자가 고의적으로 사고를 낸 경우에도 피해자가 보험금을 청구하면 지급해야 한다. 그러나 사고를 일으킨 자는 회사에 배상해야 한다. 다만, 생존권보험의 상환 의무는 수령자가 일정한 소득 수준을 넘어설 경우에 이행하도록 한다. 만일 구약의 가르침대로 주기적 희년을 둔다면 상환 의무는 다음 희년에 소멸하게 된다.

생존권보험료와 인간다운 생활비는 지대 기금의 크기, 복지 이외의 재정 수요, 국민의 평균적인 생활수준 등을 종합적으로 고려하여 정한다. 생존권보험은 민간 회사가 운영할 수도 있다. 민간 보험회사가 경쟁적으로 가입자를 모집하고 정부는 가입자 수에 따라 지대 기금에서 보험료를 회사에 주면 된다. 여러 보험회사가 가입자를 유치하기 위해 보험 혜택, 서비스 등에서 경쟁한다면 그만큼 국민의 선택 폭이 넓어진다.

이러한 기본적인 사업 외에, 보험 사고를 줄이기 위한 노력 즉 빈곤을 예방하고 또 빈곤에서 벗어나도록 지원하는 사업도 필요하다. 서민주택 구입 등 보험금 이상의 금액이 필요한 경우에는 저소득층에게 부담을 경감하는 제도도 운영한다. 부담 경감액에 대해서는, 선택에 의한 빈곤의 경우와 같은 상환 의무를 부과한다.

독재-민주의 전선이 해소된 지금 우리 사회에서는 시장-반시장의 대립이 격화되고 있다. 그러나 지공주의에서는 시장-토지공개념, 시장-복지 등 공존할 수 없을 것 같은 양 극단이 하나가 된다. 불가능해 보이는 것을 가능하게 하는 것, 이것이야말로 '하나님의 의' 즉 진리의 힘이다. 욕심에 사로잡힌 우리 인간이 진리를 외면하고 있을 뿐이다. "진리가 너희를 자유롭게 할 것이다."(요한복음 8:32)

『토지정의』 (성경적 토지정의를 위한 모임) 2007년 7월호

쌍용차 사태의 근본 대책은 사회보장

폭력적 노사문화는 물론 없어야 한다

평택의 쌍용자동차 사태는 우리 사회에 많은 숙제를 남겼다. 폭력적 노사문화가 없어야 하고 노사문화를 선진화해야 한다는 데 반대하는 사람은 아무도 없을 것이다. 그러나 그 원인과 해법에 대한 의견이 사람마다 다르다.

폭력적 노사문화를 막는 방법은 두 가지다. 우선 생각할 수 있는 방법은 노동자든 사용자든 폭력 사용을 강력하게 금지하고 엄하게 처벌하는 방법이다. 어떤 사람의 눈에는 노동자의 볼트 새총과 쇠파이프만 폭력으로 비칠지 모르겠다. 물론 이런 폭력도 당연히 금지되어야 한다. 그러나 사용자 측의 폭력 역시 금지해야 한다는 점에도 주목해야 한다. 정당한 기준이나 의논 없이 일방적으로 해고하는 것은 인간의 생존을 위협하는 폭력이 아닌가? 시끄러운 소리가 들리고 누군가 피를 흘려야 폭력이라고 보는 것은 장삼이사의 인식일 뿐이다. 금지하려면 양쪽의 폭력을 다 금지해야 한다.

근본 대책은 사회보장

그러나 금지와 처벌은 근본 해법이 아니다. 필자는 원칙적으로 고용의 유연성에 찬성하는 사람이다. 쌍용차처럼 경영에 실패한 경우에는 사측은 공정한 기준에 따라 해고도 할 수 있어야 하고 노동자는 이런 의논에 성의 있게 참여해야 한다. 가만히 있으면 다 같이 망할 뿐이기 때문이다.

그러나 고용의 유연성을 제도화하려면 조건이 있다. 사회보장이 잘되어 있어야 하고 창업/취업의 가능성을 고용의 유연성만큼 보장해야 한다. 즉 해고되더라도 생계 걱정 없이 여유를 가지고 대응할 수 있어야 하고 또 쉽게 자기 사업을 차리거나 다른 업체에 취업할 수 있어야 한다는 것이다. 덴마크에서 도입했듯이 '유연안정성'flexicurity이 필요하다는 것이다

이런 조건을 갖추지 않고 고용의 유연성만 허용한다면 인간의 생존권이 평등하지 않다고 하는 것과 다름없다. 인간 사회를 정글과 같다고 본다는 것이다. 이에 대해 '아니, 그런 조건은 실현할 수 없는 꿈에 불과하지 않은가?' 하는 의문을 품는 분이 많을 것이다. 그러나 생각을 조금

만 바꾸면 이런 조건은 얼마든지 현실화할 수 있다.

재원은 국민 공동자산에서

문제는 재원이다. 지금 세계 각국은 사회보장 재원을 주로 조세에서 마련한다. 그래서 늘 비판이 따른다. "세금으로 사회보장을 하는 것은 정의롭지도 않고 경제도 안 된다"는 게 핵심이다. 꼭 맞는 말은 아니지만 일리가 없지도 않다. 그러면 자기 돈으로 자기의 생활을 책임지도록 하면 된다. 사회보장을 위한 '자기 돈'이 어디서 나는가? 그건 국민 공동자산에 대한 각 국민의 지분에서 나온다.

국민 공동자산이라고? 그렇다. 인간의 생존권이 평등하다면 아무도 생산하지 않은 자연에 대한 권리도 평등하다. 그러므로 자연은(세분하자면 토지와 천연자원과 환경은) 국민의 공동자산이다. 그 가치를 징수하여 생존권을 보장하는 사회보장의 재원으로 사용하면 된다.

도대체 국민 공동자산의 가치가 얼마나 되길래? 이런 의문이 자연스럽게 나올 것이다. 자연 중에서 토지에만 국한해 보더라도 우리나라의 연간 토지가치는 약 100조 원쯤 된다. 국민 1인당 200만 원 꼴이다. 우리나라 기초생활보장 예산이 2007년에 약 6조 원, 국민건강보험공단의 총부담액이 2006년에 21조 원 정도 된다. 그렇다면 연간 토지가치 100조 원은 충분한 재원 아닌가? 공동자산의 범위를 토지 외에 천연자원과 환경으로 넓히면 사회보장의 재원은 더 늘어난다.

노사는 생산의 파트너가 된다

이런 사회보장이 구비되면 노동자끼리 취업경쟁을 벌이는 것이 아니라 사용자도 노동자를 찾아 서로 고용경쟁을 벌이기 때문에 노사 간의 힘의 균형이 이루어진다. 고용의 유연성이 저절로 이루어질 것이고(아니, 아예 고용의 유연성이라는 게 문제가 안 되고) 노사는 대립관계가 아닌 생산을 위한 파트너 관계가 되어 폭력 사태를 벌일 이유가 없다.

또 토지가치를 징수하면 여러 눈부신 효과가 같이 나타난다. 부동산 투기로 인한 문제점이 완전히 예방된다. 토지불로소득으로 인한 부당한 양극화가 사라진다. 미국 주택 거품에서 비롯한 지금 같은 경제위기도 발생하지 않는다.

그러나 우파는 이런 근본 대책에는 관심이 없어 보인다. 좌파 역시 사회보장의 강화를 추구하면서도 그 재원이 어디서 나오는지에 대해서는 별 관심이 없다. 이명박 대통령이 '재계와 노동계, 정부'에 쌍용자동차 사태를 노사문화 선진화의 계기로 삼아달라고 했다는데 그 말이 진정성을 가진다면 정부부터 나서서 근본 대책을 제도화하기 바란다.

『평화뉴스』 2009. 8. 17.

알래스카와 인문학

졸업을 앞둔 인문학 전공 학생들이 읽을 글을 쓰게 되었습니다. 졸업을 앞두고 있다면 당연히 사회진출과 취업에 온 관심을 쏟고 있을 것입니다. 하지만 학생들의 진로에 도움을 줄 만한 뾰족한 아이디어가 없어서 걱정입니다.

이런 답답한 현실에서 조금 벗어나, 미국 알래스카 주의 이야기부터 먼저 해볼까요. 알래스카 주민은 매년 일정한 배당금을 받습니다. 무슨 투자의 대가도 아니고 일을 한 대가도 아닙니다. 주민이기만 하면 무조건 받습니다. 2008년에는 1인당 3,269달러를 받았고, 2009년에는 1,305달러를 받는다고 합니다. 금액이 매년 다른 이유는 다음에서 언급하는 '영구기금'의 운용수익이 변하기 때문입니다.

알래스카 정부가 무슨 돈으로 '퍼' 주는지 의아하지요? 석유가 많이 나는 알래스카에서는 원유 파이프라인이 완성 단계에 접어들었던 1976년에 주 헌법을 개정했습니다. 석유 관련 광권 수입의 4분의 1 이상을 영구 기금Alaska Permanent Fund에 넣고 이 기금의 운용 수익을 주민에게 무조건 나누어주자는 내용이지요. 석유와 같은 천연자원은 특정인이 생산한 것이 아니므로 그 수익 역시 당연히 모두의 것이라는 취지입니다.

인문학적 상상력이 만드는 좋은 세상

멋지지 않습니까? 이런 아이디어는 어디서 나올 수 있을까요? 상상력입니다. 인간은 이해관계와 고정관념에 매여 너무나 당연한 것을 못 보고 삽니다. '천연자원은 모두의 것'이라는 당연한 이치도 상상력이 있어야 겨우 눈에 보입니다. 그런데 먹고사는 데 급급하면 상상력을 발휘할 수 없습니다. 학문 중에서, 이해관계와 고정관념으로부터의 탈피를 강조하는 학문, 먹고사는 현실과 가장 무관한 학문, 인간의 인간다움을 추구하는 학문, 상상력이 생명인 학문이 무엇일까요? 물론 인문학입니다. 알래스카의 배당금 제도는 인문학적 상상력이 만들어낸 작품입니다.

비슷한 예로, 유럽에서는 기본소득 운동이 벌어지고 있습니다. 기본소득이란 미성년자를 포함한 모든 국민에게 아무런 자격조건이나 의무사항 없이 무조건 지급하는 소득입니다. 알래스카 배당금과 비슷하지만 재원이 일반 조세라는 점에서 차이가 있습니다. 우리나라에서도 민주노총에서 이 아이디어를 받아 2009년 초에 연구 결과를 발표하였습니다. 이

안에 의하면, 어릴 때부터 청장년기에는 연 400만 원, 55세가 넘으면 연 600만 원 이상을 지급하는 걸로 되어 있습니다.

그러나 기본소득의 재원이 일반 조세라는 점이 개운치 않습니다. 조세는 하늘에서 떨어지는 것이 아니라 결국 국민의 소득에서 나옵니다. 갑은 열심히 노력해서 소득이 높고 을은 빈둥거리다가 소득이 낮은 경우에 갑에게서 세금을 거두어 똑같이 나눈다면 갑이 억울하지 않겠습니까? 물론 소득은 본인의 노력 외에, 타고난 능력에 의해서도 크게 좌우되고 인생살이의 각종 행운과 불운에 의해서서도 영향을 많이 받습니다. 그러니까 소득 중에서는 징수해도 억울할 것이 없는 부분이 상당히 존재하는 것이 사실입니다. 그러나 개미의 소득을 떼어 베짱이에게 주는 경우도 적지 않게 생길 수 있다는 점은 부인할 수 없습니다.

국민 공동자산으로 사회보장을 하면

반면, 알래스카 배당금에 대해서는 개미-베짱이의 비유가 성립하지 않습니다. 인간이 평등한 생존권을 가진다면, 생산자가 따로 없는 천연자원에 대해서는 국민 모두가 동등한 지분을 가지는 게 당연하기 때문입니다. 따라서 국민 공동자산의 가치를 재원으로 하면 아무도 억울해 할 일이 없습니다.

석유처럼 누구도 생산하지 않은 국민 공동자산의 사례는 많습니다. 각종 천연자원, 토지 등 자연 일체가 국민의 공동자산입니다. 휴대전화 등 통신기술이 발달하면서 점점 희소해지는 전파 대역도 공동자산입니다. 깨끗한 환경도 국민의 공동자산이므로 환경을 오염시키는 자에게서 그 대가를 징수하면 역시 훌륭한 재원이 됩니다. 나아가서, 정부가 정책상의 필요에 의해 일부 국민에게 특권을 부여한다면 그 대가 역시 국민 공동자산입니다.

우리나라의 경우에 국민 공동자산의 금액이 얼마나 될까요? 토지만 해도 연간 100조 원 정도의 임대가치가 있으며 이는 국민 1인당 200만 원 꼴입니다. 토지 외의 가치를 모두 합한다면 두세 배도 넘을 것입니다. 알래스카 배당금이나 기본소득처럼 모두에게 같은 금액을 나누어주는 대신 생활이 어려운 사람에게만 지원한다면 필요한 사람에게 훨씬 많은 금액을 보장할 수 있을 겁니다. 또 일단 혜택을 받은 사람이 나중에 잘살게 될 경우에 수령액을 상환하도록 한다면 공동자산 기금의 크기는 더 늘어날 것입니다.

생활고 없는 세상의 모습

국민 각자가 무슨 일을 하든, 심지어 아무 일을 하지 않더라도, 생활고를 걱정할 필요가 없는 세상은 어떤 모습일까요? 인문학적 상상력을 발휘해 보십시오. 빈둥거리는 사람이 넘쳐날 것이라는 걱정도 있을 겁니다. 물론 그런 사람도 있겠지요. 그러나 사람이 제일 못 참는 게 심심한 것이라는 말도 있듯이, 대부분은 막연히 빈둥거리기보다는 무언가 자기가 좋아하는 일을 하려고 할 겁니다. 좋아하는 일은 자꾸 하게 되고, 자꾸 하면 잘하게 됩니다. 사람마다 생계 걱정 없이 좋아하는 일을 한다면 인생이 행복해질 뿐 아니라 모든 분야에서 지금과 비교할 수 없을 정도로 뛰어난 성취가 이룩될 것입니다.

고흐는 평생 예술을 위해 살았고 위대한 작품을 수없이 남겼지만 생전에는 자기 그림을 단 한 점 팔았을 뿐입니다. 동생 테오가 주는 생활비로 근근이 살았지요. 마르크스도 엥겔스가 주는 돈으로 살면서 인류사를 바꾼 업적을 남겼습니다. 누구나 기본생계를 걱정하지 않는 제도를 만들면 모든 국민이 테오나 엥겔스와 같은 후원자를 두는 셈입니다.

국민 공동자산에 대해서는 모두가 평등한 지분을 가지고 있기 때문에 이런 제도는 결국 자기 돈으로 자기 생활을 보장하는 겁니다. 세금으로 빈곤층에게 사회보장을 하는 현재의 복지제도와는 아주 다른 개념입니다. 그러면 먹고사는 데 급급해서 재능을 발휘하지 못하고 있는 수많은 잠재적 고흐, 마르크스는 떳떳하게 자기 돈으로 생활하면서 인류에 커다란 기여를 할 수 있을 겁니다.

또 사람들이 자기 좋아하는 일만 하고 경제적인 일을 아무도 하지 않으면 어떻게 하느냐고 걱정하는 사람도 있을 것입니다. 농사는 누가 짓고, 공장에서는 누가 일하려고 하겠느냐는 것이지요? 특히 3D 업종의 일은 아무도 안 하게 되지 않겠느냐고 걱정할 것입니다. 지금과 같은 사회에서는 먹고살기 어려운 사람들이 많기 때문에 험한 일의 임금이 낮습니다. 그러나 기본생활이 보장되는 사회에서는 임금이 지금보다 훨씬 높은 수준으로 올라갈 것입니다. 그렇다면 이런 일을 하려는 사람도 많이 나타나겠지요. 또 지금도 사람들이 하는 돈벌이 중에서 의식주 해결과 직접 관련되지 않는 일이 많습니다. 이승엽과 김연아, 유재석과 소녀시대가 하는 일은 국민의 경제적 생존과 거리가 멀지 않습니까? 고흐나 마르크스가 일생을 바쳤던 일도 물론 마찬가지입니다.

인문학이 꽃피는 세상

생계 걱정 없는 세상이 되면 사람들이 물질적 생존보다 인간의 내재적 소질을 발휘하는 쪽에 큰 관심을 가질 것입니다. 그 결과 인문학에 대한 수요가 폭발적으로 늘어날 것입니다. 인문학적 상상력이 만들어내는 좋은 세상이 되면 인문학도의 경제적 전망도 밝아진다는 겁니다.

　　졸업을 앞둔 인문학 전공 학생 여러분. 사람이 사람답게 사는 좋은 세상, 인문학이 저절로 꽃피는 좋은 세상은 가능합니다. 그런 세상을 위해서는 인문학적 소양과 상상력이 꼭 필요하다는 점을 인식하고 자신의 전공을 자랑스럽게 생각하십시오. 그리고 졸업 후에도 인문학도로서의 긍지를 잃지 마십시오. 알래스카 배당금보다 훨씬 더 좋은 제도를 만드는 데 힘을 보태십시오.

『경북대학교 인문대학 2009 취업 자료집』 2009년 12월

학력위조의 주범은 학벌 프리미엄

우리나라 학벌 프리미엄이 지나치다는 연구 결과가 나왔다. 새삼스러운 결과도 아니지만, 사회 각계 인사의 학력위조가 밝혀지고 있는 시점이라 묘한 상승작용을 하고 있다.

8월 21일의 보도에 의하면 장수명 한국교육개발원 연구원은 「사교육의 효과, 수요 및 그 영향요인에 관한 연구」라는 보고서에서 두 가지 효과를 밝히고 있다. 첫째로 학력이 높을수록 임금 수준이 높지만 전문대나 4년제 대학 중퇴자는 졸업생보다 현격하게 임금이 떨어진다. 이름을 짓자면 '졸업장 효과'다. 둘째로 소위 최상위권 5개 대학 출신은 상대적으로 20% 가량의 경제적 프리미엄을 얻는다. 이름을 붙이자면 '명문대 효과'다. 한마디로, 학벌 프리미엄이 있다는 것이다. 또 이 연구에 의하면

98년 이후 5년간 사교육비가 연평균 20%씩 급증했다고 한다.

또 같은 날 보도된 고려대 김태일 교수의 연구에 의하면, 세칭 명문대 재학생의 학업성취도를 보면 고3 때 과외를 안 받은 학생이, 그리고 받은 학생 중에서는 짧게 받은 학생이 성취도가 더 높다고 한다. 즉 사교육이 명문대 진학에는 도움이 되지만 그게 실력을 높여주는 것은 아니라는 뜻이다. 달리 표현하면 사교육비로 학벌 프리미엄을 구매할 수 있다는 뜻이기도 하다.

이런 연구는 왜들 학력을 위조하는지를 (실은 우리가 다 알고 있지만) 실증적으로 밝혀준다는 점에서 의미를 찾을 수 있다. 학벌 프리미엄이 없다면, 그래서 사회가 학벌이 아니라 실력으로 사람을 대우한다면 학력을 속일 필요가 거의 없을 것이다.

학력은 증명서를 위조하거나 말로 부풀리고 다닐 수 있지만 실력을 속이기는 쉽지 않다. 그런데 우리나라에서는 실력을 검증하는 체계가 제대로 작동하지 않고 학력으로 실력을 추측하려는 경향이 있다. 그런데 학력이 부모의 극성과 경제력에 비례하는 추세 속에서 학력과 실력의 괴리는 자꾸 심해진다.

여기에 우리나라 특유의 연고주의가 거든다. '동향'이다 '동문'이다 하여 뭔가 공통점을 찾은 후에 같은 집단에 속하는 사람끼리 폐쇄적인 클럽을 형성한다. 명문대 클럽일수록 우월감이라는 강력접착제가 작용하여 폐쇄성이 더 높다. 소수 학벌클럽이 사회의 노른자위를 독점하고 실력은 뒷전으로 물러난다. 독점력을 누리는 폐쇄적 클럽에 가입하여 귀족 신분을 취득하기 위해 국민은 목숨을 걸고 경쟁한다. 소모적인 경쟁이고 귀한 인간 에너지의 낭비다.

학벌보다 실력으로 사람을 대우하는 사회를 만들기 위해서 각계가 다 노력해야 하지만, 무엇보다도 일류 기업에서 학벌 아닌 실력으로 사원을 뽑는다면 큰 파급효과를 얻을 수 있다고 필자는 주장해왔다. 대기업 사원채용 서류에서 학력기재란을 없애고, 대기업은 실력을 평가하는 기법을 개발하라는 것이다. 학력기재란 철폐는 2002년 초 문민정부 시절 한 완상 교육부 장관이 국무회의에 제시한 바 있었으나 채택되지 못했고 한 장관은 그 직후 낙마하고 말았다.

한 장관을 낙마시키는 사회에서는 구성원 모두가 학벌사회의 피해자인 동시에 공범이다. 학벌 프리미엄을 미끼로 삼아 고교 내신성적의 무력화를 시도하는 세칭 '명문대', 경쟁의 공정성은 도외시하고 약육강식 논리로 학벌주의를 옹호하는 상당수 엘리트 계층은 공범 중에서도 주범급이다. 학벌사회에 적응하고 용인하고 심지어 편승까지 해온 우리 역시 공범을 면할 수 없다. 모두 우리의 부끄러운 자화상이다.

학력위조 문제가 터지면 당사자의 부정직함을 매도하는 목소리가 높다. 그런 목소리가 상당 부분 정의감보다는 시기심에서 비롯되었다고 해도 당사자가 잘못한 건 사실이니까, 개인에 대한 비판을 꼭 나쁘다고는 할 수 없다. 그러나 사회적 책임감을 가져야 할 언론이나 지식인이라면 비난보다는 근본 원인인 학벌주의를 타파하는 데 초점을 맞추어야 한다.

학벌? 껍데기는 가라. 나라를 위해 나선다는 대선 주자가 많은 이 시점에, 학벌 철폐 공약을 내는 주자는 어디에 있는가?

『평화뉴스』 2007. 8. 25.

고려대의 입시 반칙, "요즘 호랑이는 풀도 먹는다"

고려대가 수시 일반전형에서 스스로 제시한 선발 기준을 어기고 특목고에 특혜를 주었다고 권영길 의원이 밝히면서 논란이 일고 있다. 권 의원에 따르면, 고려대가 1단계에서는 내신만으로 학생을 뽑는다고 했으나 결과를 보면 내신과는 무관하게 특목고 지원자를 대거 합격시켰다는 것이다.

예를 들어 212명이 지원한 대원외고는 1단계에서 190명이 합격하여 합격률이 90%에 달한다. 이는 내신 9등급 중에서 5등급 이하도 합격했다는 뜻인데, 다른 고등학교에서는 내신 1등급도 불합격한 사례가 적지 않다. 고려대학교 입시 당국은 이렇게 생각했을 것이다. '어차피 특목고 출신은 우리 사회의 상위 계층이 될 가능성이 높으니까 우리가 남보다 먼저 차지하자.' 그렇다면 처음부터 내신으로 뽑는다는 말을 하지 말았어야 했다.

아직도 3불정책의 하나로 고교등급제 불허 정책이 살아있기 때문에 겉으로는 내신으로 뽑는다고 해놓고는 뒷구멍으로 치사한 짓을 한 것으로 보인다. '자율화'라는 이름으로 기득권을 강화하는 분위기 속에서 이 정도의 반칙은 당국이 눈감아줄 것으로 기대한 것일까? 더구나 고려대 인맥이 실권을 장악한 '고소영'(고려대·소망교회·영남 출신) 시대가 아닌가.

교육은 기회균등과 사회발전의 기초

사회가 배려해야 하는 국민생활에는 다섯 영역이 있다. 의·식·주·의료·교육이 그것이다. 다른 네 영역은 생존과 직결되는 문제이어서 중요한 반면, 교육은 기회균등과 사회발전의 기초가 된다는 점에서 중요하다.

교육이란 적성과 자질에 맞춰 능력을 기르는 과정이다. 개인은 생장 환경이 불리하더라도 적절한 교육을 받을 수만 있으면 자신의 능력을 향상시킬 수 있다. 사회는 교육을 통해 각 구성원의 타고난 재능을 최대한 발휘하도록 하여 전체의 이익을 극대화할 수 있다.

이렇게 본다면 교육, 특히 대학입시는 우리 사회의 치부다. 대학이 학벌 프리미엄을 얻기 위한 과정으로 전락하여 오히려 부와 신분의 대물림을 강화하고 재능의 발휘를 방해하여 사회에 지장을 주고 있다. 이런 문제를 건설적으로 해결하는 방법이 있다.

학벌주의 타파와 고교평준화

첫째로, 학벌 프리미엄을 없애야 한다. 명문대는 자기 졸업생을 단지 명문대 출신이라는 이유만으로 우대하지 말고 실력에 따라 평가해 달라고 사회에 요구해야 한다. 그래야 명문대도 이름에 안주하지 않고 교육의 질을 높이려고 노력하게 된다. 대기업의 신규채용 서류에 출신학교를 기재하지 않는 것도 학벌 프리미엄을 없애는 하나의 방법이 된다. 명문대가 나서서 학력란 폐지를 요구하면 국민의 박수를 받을 것이다.

둘째로, 진정한 고교평준화를 이룩해야 한다. 명문대는 지역이나 학교가 달라도 교육의 질에서 차이가 나지 않도록 하라고 교육 당국에 요구해야 한다. 평준화를 교육의 획일화로 오해하는 사람도 있지만 그건 아니다. 학교별 다양한 교육은 오히려 권장되어야 한다. 그런데 특목고, 자립형 사립고 등 다양한 형태의 학교가 등장해도 교육이 획일화되고 마는 것은, 학벌 프리미엄이 엄존하는 현실에서 입시경쟁에 매진할 수밖에 없기 때문이다.

학벌 프리미엄이 사라지고 진정한 고교평준화가 이루어지면 3불정책이 필요없게 되므로 명문대가 바라는 대학입시 자율화는 저절로 이루어진다. 그러나 고교평준화가 만족스러운 수준으로 이루어지기 전까지는 내신 위주로 선발해야 한다. 이렇게 하면 공교육 정상화에 크게 기여할 뿐 아니라, 수능성적은 다소 낮더라도 잠재력이 우수한 인재를 뽑을 수 있기 때문에 장기적으로는 학교에도 이익이 된다.

어느 고려대 출신이 이번 사건을 보고는 자조 섞인 평을 했다. "요즘

호랑이는 풀도 먹는답니다." 호랑이는 고려대의 상징 동물이다. 요즘엔
호랑이까지 얍삽해져서, 눈앞의 이익을 위해서는 풀도 가리지 않고 먹는
모양이다. 이백의 시 한 구절이 생각난다. 봉기불탁속鳳飢不啄粟──봉황은
굶주려도 좁쌀을 쪼지 않는다.

『오마이뉴스』 2009. 2. 9.

율도국에서 보는 일제고사

안녕하십니까? 저는 활빈당 홍길동 할아버지가 세우신 율도국의 국민입니다. 조선, 아니 한국은 율도국의 뿌리이기도 하지만, 짧은 기간에 산업화와 민주화를 이룩하였다고 해서 제가 특별히 관심을 가지는 나라입니다. 그런데 율도국의 상식으로는 이해하기 어려운 일이 많아 당황스럽습니다.

일제고사와 경쟁, 그 자체가 나쁜 것은 아닌데……

요즘 벌어지고 있는 일제고사 논란도 그렇습니다. MB정부 들어 몇 차례 일제고사를 실시해왔고 지난 13일과 14일에는 전국 초등 6학년, 중학 3학년, 고등 2학년을 대상으로 국가수준 학업성취도 평가를 실시했다고 합니다. 역시 이번에도 거센 비판이 있었고 이에 대해 정부가 강경하게 대응하고 있네요.

율도국에서는 상상하기 어려운 일입니다. 율도국민은 학업성취도는 당연히 평가해야 하고 일제고사도 그 하나의 방법이라고 여깁니다. 또 줄세우기 경쟁, 소모적 경쟁, 불공정한 경쟁이 아니라면 경쟁도 인간의 잠재력을 이끌어내는 데 도움이 될 수 있다고들 생각합니다.

의아해하는 율도국 학생들에게 제가 이렇게 설명해보았습니다. "한국에서는 일제고사 성적이 나쁘면 그 지역이나 학교가 불이익을 받을 수 있습니다." 그랬더니 학생들은 더 놀라는 겁니다.

성적이 나쁘면 오히려 지원과 우대를

율도국에서는 일제고사 성적에 별 신경을 안 씁니다. 아니, 오히려 다른 지역이나 학교보다 성적이 약간 나빴으면 하고 바라는 면도 있습니다. 성적이 나쁘면 정부에서는 교육 여건에 일차적인 책임이 있다고 보아 예산과 인력을 더 많이 지원합니다. 또 한국에서는 대학과 사회에서 사실상 고교등급제, 대학등급제를 실시하고 있지만, 율도국에서는 성적이 나쁜 지역과 학교 출신에 대해서는 각급 시험에서 오히려 가산점을 부여합니다.

율도국에서는 이런 지원과 우대를 당연하게 여깁니다. 율도국은 적서차별을 겪은 홍길동 할아버지가 기회균등을 위해 세우신 나라입니다.

신분에 따른 차별이 부당하듯이 교육 여건 때문에 학력이 낮다면 오히려 보상해야 한다는 것이 율도국민의 확고한 생각입니다. 물론, 교육 여건이 같은데도 성적이 나쁜 학교나 개인에 대해서는 다른 원인을 찾아 대책을 마련합니다.

또 일제고사에 대비하여 예·체능 시간에 일제고사 과목을 가르치는 학교도 많다고 하니까 이곳 학생들은 도무지 이해를 못합니다. "예·체능은 평가하지 않나요?" "초등학교와 중학교는 국·영·수·사·과 다섯 과목을 보고 고등학교에서는 국·영·수 세 과목을 봅니다." "다른 과목은 중요하지 않다는 건가요? 그럼 왜 가르치나요?" "……"

시험은 자기진단의 기회

율도국에서 학업성취도 평가 대상은 당연히 모든 과목입니다. 그러나 과목별로 학생의 일부만 뽑아 시험을 치르게 하므로 한국의 일제고사와는 다릅니다. 대상 학생 외에도 희망자는 무슨 과목이든 응시할 수 있는데, 학생 상당수가 자발적으로 응시합니다. 시험을 자신의 소질과 성취를 진단하는 기회로 삼을 수 있고 석차로 줄 세우는 일도 없기 때문입니다.

저는 한국 정부가 학생에게 일제고사 선택권을 준 교사를 쫓아내고 일제고사 불응 학생에 대한 처리지침까지 내려보낸다는 말은 차마 못했습니다. 학생들이 남한도 북한과 다르지 않다고 상심할까 걱정이 되어서요. 그렇지 않아도 최근 한국에서는 반대파를 숙청하고 기본권을 탄압한다고 하여 한국을 이상한 나라라고 생각하는데 말입니다.

한국이 짧은 시간에 긴주화를 이룩한 나라 맞나요? 끌끌, 우리 율도국 사람이 자녀들에게 한국을 자랑할 수 있도록 해주세요. 우리는 뿌리가 같잖아요.

『평화뉴스』 2010. 7. 19.

자유무역에 대한 근본적인 세 질문

여론조사 결과를 보면, 한미간의 자유무역협정FTA 결과를 긍정적으로 보는 국민이 더 많다. 긍정적으로 평가하는 사람 중에는 협정이 자신에게 이익이 될 것으로 예상하는 사람, 큰 나라하고 씨름해서 그만 해도 잘했다고 너그럽게 봐주는 사람, 어차피 맞을 매라면 남보다 먼저 맞는 게 조금이라도 덜 아프다고 쓴웃음을 짓는 사람 등 다양해 보인다.

경제학자를 포함한 경제전문가의 지지도는 일반 국민보다 더 높다고 한다. 전문가라면 사적인 이해관계나 현실론을 떠나 좀 더 근본적인 차원의 성찰을 해야 한다. 단순히 시장지상주의에 물들어 그런 반응을 보인 것이 아니기를 바라면서, 필자와 같은 비전문가로서는 이해가 잘 안 되는 근본적인 세 질문을 던져본다.

비교우위설의 함정

첫 번째 질문은 자유무역의 이론적 근거가 좀 미심쩍다는 것이다. 교과서에는 자유무역의 근거로 리카도의 '비교우위설'이 나온다. 갑, 을 두 나라가 A, B 두 상품을 생산하는데 갑 나라 내에서는 A의 생산성이 B보다, 을나라 내에서는 B의 생산성이 A보다 높다고 하자. 이때 두 상품 모두에서 갑의 생산성이 을보다 우위에 있다고 하더라도 갑은 A, 을은 B의 생산에 특화하여 자유무역을 하는 것이 두 나라 모두에게 이익이 된다는 것이 리카도의 설명이다.

비전문가인 필자가 보더라도 비교우위설 자체는 틀리지 않은 것 같다. 하지만 비교우위설에는 '각국이 국내적으로 비교우위를 가진 상품의 생산에 특화하여 자유무역을 한다면'이라는 전제가 들어 있다. 과연 각국이 이 전제처럼 특화를 할까? 글쎄다. 특화의 이익보다 독점의 이익이 더 클 경우에는 갑이 두 상품 모두를 생산하여 을에 수출하려고 할 것이다. 또 이미 각국에 A, B 두 산업이 존재하는 경우에는 특화를 위해 산업구조를 변경하는 데 드는 고통과 비용이 만만치 않다. 이처럼, 자유무역으로 두 나라가 다 같이 이익을 얻는 경우는 제한적이지 않을까?

또 특화를 한다고 하더라도 문제는 남아 있다. A의 부가가치가 B보다 높다면 A의 생산에 특화하는 갑이 상대적으로 유리해진다. 갑은 을에 비해 점점 더 부유해져서 두 나라 사이의 격차가 커진다. 또 A가 B보다 더 필수적인 상품이라면 갑은 A를 을을 위협하는 무기로 사용할 수도 있다. 이런 사실을 내다본다면 을은 '특화-자유무역' 방식에 찬성하지 않는 것이 자연스럽지 않나?

사람의 자유로운 이동은 왜 막나?

두 번째로, 인간의 자유와 행복을 높이는 것이 자유무역의 이상이라면 왜 자본과 상품의 자유로운 이동만 추구하고 인간의 자유로운 이동 즉 이민의 자유는 같이 추구하지 않는가? 리카도의 가정처럼 갑이 A, 을이 B의 생산에 특화한다고 하더라도 갑 국민 중에 A보다는 B를 생산하는 나라에 사는 것을 더 행복하게 여기는 사람이 있고, 을 국민 중에 B보다는 A를 생산하는 나라에 사는 것을 더 행복하게 여기는 사람이 있을 것이다. 그렇다면 두 나라가 서로 이민을 자유롭게 해주는 것이 자유무역의 궁극적 이상에 합치하지 않나?

물론, 수용 능력을 초과하는 대량 이민이 갑자기 발생하는 것은 바람직하지 않으므로 이민의 속도를 조절할 필요는 있겠지만, 지금처럼 자유무역과 자유이민을 별개인 것처럼 다루어도 되는가?

국가의 자기결정권보다 돈이 더 중요한가?

세 번째 질문은, 설령 자유무역이 당사국의 경제적 이익을 증진시킨다고 해도 그것이 각국의 자기결정권보다 더 소중한가 하는 점이다. 자유무역에 지장을 주는 무역 장벽에는 관세 장벽과 비관세 장벽이 있다. 그런데 비관세 장벽 중에는 그 나라 국민의 자유와 행복에 관한 취향 내지 가치관을 반영하는 것도 있다. 이걸 '장벽'이라고 불러도 좋은지도 의문이지만 어쨌든 이런 '장벽'은 유지되어야 한다. 그래야만 각국의 문화가 다양하게 발전할 수 있다. 생물의 종의 다양성이 중요하듯이 문화의 다양성도 중요하다.

예를 들면, 유전자 조작 생물체LMO를 원하지 않는 나라에서는 LMO의 국내 생산과 수입을 다 같이 금지하는 것이 자연스럽다. 또 음란물에 대해 엄격한 문화를 가진 나라에서는 다른 나라에서는 별것 아니게 취급되는 '음란물'의 수입을 금지하는 것이 자연스럽다. FTA 사례 중에는 '공공질서, 미풍양속, 보건위생, 환경'과 관련해 정부가 협정에 위배되는 조치를 취할 수 있다는 조항이 들어 있는 경우도 있다. 그러나 이런 경우조차, 허용사항 열거positive list 방식은 너무 좁다. "자유무역을 방해하려는 의도를 가지지 않은 조치는, 내국인과 외국인 간의 차별이 없는 한 모두 허용한다"고 해야 하지 않을까?

국가의 자기결정권과도 관련된 것으로서, 한미FTA에 포함된 투자자와 국가 간의 소송ISD(investor-state dispute) 제도와 후퇴금지ratchet 원칙도 의문이다. ISD는 협정을 위반하는 국가에 대해 외국 투자자가 제3의 국제기구에 제소하는 제도다. 후퇴금지 원칙은 이 협정에서 정한 수준보다 자유무역의 관점에서 더 후퇴하는 변화를 허용하지 않는다는 원칙이다.

제3의 국제기구가 각국의 자기결정권을 존중하는 판정을 하기를 기대할 수 있을까? 십중팔구 이런 국제기구는 세계 기준global standard이라는 이름으로 미국 기준 또는 서구 기준을 적용하게 될 것이다. 또 후퇴금지 원칙을 엄격하게 적용하면, FTA 당사국이 체결 당시에는 예측하지 못한 사정 변화가 생길 경우, 곤경에 처하게 된다.

　　한미FTA를 지지하는 많은 경제전문가는 이런 근본적인 질문에 답해
주기를 기대한다. 한미FTA를 둘러싸고 수많은 토론이 있었지만 필자는
아직 이에 대한 답을 보지 못했다. 필자는 시장반대론자가 아니다. 시장
을 잘 활용하면 인간의 자유와 행복이 증진될 수 있다고 생각하는 사람이
다. 그러나 전문가들이 이런 근본적인 문제에 왜 언급하지 않는지 이해가
안 된다. 전문가조차도 자유무역과 한미FTA에 대한 근본적인 성찰을 하
지 않는 것인지, 아니면 전문가에게는 이미 답이 나와 있는 너무나 쉬운
문제여서 새삼 언급할 필요가 없는 것인지 궁금하다.

『오마이뉴스』 2007. 5. 9.

한 지붕 두 가족, 헌법과 한미FTA

한가위 잘 보내셨는지요? 온 나라가 하나 되는 한가위는 금년으로 마지막이 아닌가 합니다. 내년 한가위에는 우리나라의 헌법이 두 개가 되기 때문입니다. 한미FTA가 비준된다는 전제하에서 말입니다. "한 지붕 두 가족도 아니고 한 나라에 헌법이 둘이라니?" 하고 의아하게 생각하실 분도 계실 것입니다. 그렇습니다. 물론 형식적인 헌법은 하나지만 헌법 체계와는 별도로 한미FTA 체계가 존재하게 된다는 것입니다.

자유무역이 단지 관세를 내리는 것이라면 장기적으로 보아 서로 이익이 된다는 것이 일반적인 견해입니다. 그래서 한미FTA에 의문을 제기하면 마치 개방 자체를 문제 삼는 것으로 오해하는 경향이 있습니다. 또 한미FTA를 둘러싼 갈등을 '밥그릇 싸움'으로 치부하고 아예 관심을 두지 않으려는 분도 적지 않습니다.

그러나 한미FTA에는 미국인 투자자에 대해서는 우리 헌법을 적용하지 않겠다는 내용이 들어 있습니다. 다 같이 한국에 투자를 하더라도 한국인에게는 헌법이, 미국인에게는 한미FTA가 적용된다는 것입니다. 헌법은 국민이 "우리는 이런 방식으로 살겠다"고 합의한 기본 약속이기 때문에 무심하게 넘어갈 문제가 아닙니다. 법률용어를 쓰지 않고 설명하자면 이렇습니다.

우리 헌법이 정부의 권한을 ① ② ③으로 정하고 있다고 합시다. 그런데 한미FTA에서는, 우리 정부가 예를 들어 권한 ③을 행사하여 미국인 투자자가 손해를 볼 경우에는 우리 정부에 대해 보상을 요구할 수 있으며, 이런 분쟁은 국제기관이 헌법 아닌 한미FTA를 근거로 삼아 판정하도록 되어 있습니다. 즉 미국인 투자자에 대해서는 우리 정부의 권한이 사실상 ① ②로 줄어든다는 것입니다.

이렇게 되면 다른 문제가 이어집니다. 미국인에 비해 손해를 보는 한국인은 내외국인 차별을 이유로 위헌 심판을 청구하려고 할 것입니다. 또 한국인이 국내에서 사업을 할 경우에도 미국인을 앞세우려고 할 것입니다. 어느 경우든 우리 정부는 힘을 잃게 되고, 후자의 경우에는 국부까지 유출됩니다.

물론 한미FTA는 미국에도 적용되며, 몇 가지 공익 목적의 정부 규제에 대해서는 시비를 걸지 못하게 하는 규정도 있습니다. 그러나 미국보다는 우리 헌법이 공익적 규제를 더 광범위하게 인정하고 있고(혹 법에 관심 있는 분은 헌법 제119조 제2항, 제122조를 찾아보십시오) 또 한국에 투자하는 미국 자본이 그 반대의 경우보다 훨씬 많습니다. 그래서 미국보다는 우리 정부의 규제가 더 크게 문제됩니다.

자, 이제는 한미FTA와 우리 헌법과의 관계를 아셨을 겁니다. 그럼 아래 설문에 답해보십시오.

> 한미FTA를 비준하려면 어떤 절차가 필요하다고 생각하십니까?
> (1) 헌법의 효력을 제한하므로 헌법 개정과 비슷한 수준의 절차를 밟아야 한다.
> (2) 일반 조약처럼 국회 동의만 얻으면 된다.

"법에 관한 것은 모른다"고 외면하실 일이 아닙니다. 행정수도 이전 문제를 헌법재판소에서 결정할 때 국민마다 자기 의견이 있었듯이, 헌법 문제는 대체로 상식과 세계관이 더 중요합니다. 게다가 이 설문은 법률 지식을 묻는 것이 아니라 상식적인 의견을 묻는 것입니다.

판단이 어렵지도 않은 이 문제에 관해 대선 후보들은 왜 침묵을 지키는 걸까요? 대선 정국에서 한미FTA보다 더 중요한 쟁점이 무엇이 있을까요? 노무현 정부의 입장은 일반 조약처럼 국회 동의만 얻으면 된다는 것이겠지요. 침묵하는 대선 후보들은 모두 정부와 같은 입장인가요, 아니면 그저 문제를 회피하는 건가요?

*참고: 한미FTA에서는 우리 법체계에는 없는 '간접수용·indirect expropriation'에 의한 손실 보상'이 미국인 투자자에게는 인정됩니다.

『오마이뉴스』 2007. 9. 27.

샤일록의 얼굴, 한미FTA

연말, 금년의 10대 뉴스를 돌아보는 시점이다. 필자는 금년의 최대 사건으로 한미FTA 체결을 꼽는다. "정권 교체는 어떻게 하고 웬 한미FTA?"라고 생각하는 분도 계실 것이다. 그러나 정권은 5년이면 바뀔 수 있지만 한미FTA는 시한도 없이 우리 사회를 근본적으로 바꾸어 놓을 것이라는 점에서 한미FTA 체결이 더 큰 사건일 수밖에 없다.

한미FTA로 인해 우리 사회가 샤일록의 얼굴을 갖게 될 것으로 염려된다. 샤일록이란 다 아시다시피 『베니스의 상인』에 나오는 대금업자로서, 채무자가 돈을 못 갚자 담보로 잡은 채무자의 살점을 칼로 베어내려고 한 인물이다.

그런데도 한미FTA의 엄청난 파괴력이 주목을 받지 못하고 있다. 그 이유는 협정의 용어가 까다로워 이해가 쉽지 않다는 점과 함께 FTA라는 용어에도 있는 것으로 보인다. FTA는 자유무역협정Free Trade Agreement의 약어이기 때문에 그저 두 나라가 자유롭게 무역하자는 좋은 내용일 것으로 막연히 생각한다는 것이다.

두 나라가 자유무역을 하면, 초기 적응기간에 힘들어하는 계층을 적절하게 배려할 경우, 장기적으로는 양국의 국민 모두에게 이익이 된다는 것이 주류 경제학계의 지배적인 견해다. 그래서 경제학자들은 자유무역을 대체로 지지하며 전문가들마저 별다른 고민 없이 한미FTA를 대체로 지지한다.

한편 농민 등 일부 계층을 제외한 국민들은 "응, 쇠고기 값이 싸지겠네" 하는 정도로 웃어넘기고 있다. 전문가든 국민이든 FTA라는 포장지 속에 함께 들어 있는 독약에는 별다른 관심을 보이지 않는다.

한미FTA 속의 대표적인 독약으로는 투자자를 보호하기 위한 '투자자—국가 소송제도'를 들 수 있다(법률용어라 좀 딱딱합니다). 상대국의 조치로 인해 손해를 보는 투자자가 국가를 상대로 소송할 수 있는 제도다. 보호 대상은 투자자가 직·간접으로 소유 또는 지배하는 모든 자산이며 여기에는 현재의 자산만이 아니라 미래의 이득에 대한 기대까지도 포함된다.

더구나 '간접수용'도 소송 대상이 된다(짧은 글에 다 설명하기 어려우므로 '간접수용'에 대해서는 시사용어를 검색해보시기 바랍니다). 공중보건, 환경, 부동산 가격안정화와 같은 정당한 공공복지 목적을 보호하기 위한 규제는 간접수용을 구성하지 않는다고 하고 있지만(한미FTA · 부속서 11-나 3) 범위가 극히 좁기 때문에 대부분의 규제가 간접수용으로 제소당할 가능성이 있다.

간단히 표현하면 우리 현행 법체계가 인정하는 것보다 투자자를 보호하는 범위가 훨씬 넓다는 것이다.

이렇듯, 한미FTA는 투자를 보호하기 위해서 상대 국가의 전통과 문화와 가치관을 무시하는 냉혹한 협정이다. 돈을 위해서는 인정사정 보지 않는 내용이다. 한미FTA 세상의 왕은 기업이고 투자자다.

한나라당에서는 그동안 '잃어버린 10년'이라고 하면서 김대중·노무현 정부를 비판했다. 그런데 김대중 정부는 IMF 사태를 극복한다면서 신자유주의 정책을 전면화했고, 노무현 정부는 부도덕한 전쟁에 파병하고 한미FTA를 체결했다. 한나라당의 정책을 충실히 대집행한 것이다. 한나라당이 서운해하는 것은 아마도 자기 손으로 집행할 기회를 잃어버렸다는 뜻인 모양이다.

한미FTA에 의해 우리나라는 배금주의 사회로 확실하게 자리매김할 것으로 전망된다. 더구나 돈과 경제적 성공에 대한 국민의 욕구를 자극한 이명박 씨가 집권함으로써 이런 변화가 더욱 가속화될 것으로 보인다. 사회적 책임의식을 가진 사람이라면 이런 변화에 경계심을 늦추어서는 안 된다.

『평화뉴스』 2007. 12. 24.

한미FTA로 정책주권이 무너진다

미국 쇠고기에 대한 검역주권을 포기했다며 80% 넘는 국민이 이명박 정부를 성토하고 있다. 무슨 수를 쓰든지 미국의 칭찬을 받으며 살고 싶은 이명박 정부가 빚어낸 결과다. 검역주권을 포기하여 이 정도의 문제가 생긴다면 그보다 범위가 더 넓은 정책주권을 포기한다면 어떻게 될까?

한미FTA가 발효되면 검역주권 정도가 아니라 정책주권 전체가 위협을 받게 된다. 그런데도 광우병 쇠고기보다 관심을 덜 가지는 것으로 보여 안타깝다. 6월 3일에 나온 사회원로(민주주의의 후퇴를 걱정하는 시민사회 인사) 100인의 시국선언에도 검역주권, 대운하, 공공부문 사유화 조치 등은 걱정했지만 한미FTA는 빠져 있다. 한미FTA는 이명박 정부의 작품이 아니기 때문인지 몰라도…….

한미FTA의 F가 자유free의 약자이므로 이름 그대로 '자유' 무역에 관한 협정일 것이라고 오해하는 사람이 많다. 그러나 협정의 본질은 '인간의 자유'가 아니라 물질적 국익과 투자자 보호다. 그러다 보니 자유와는 어울리지 않는 내용도 들어 있고 정책주권을 훼손하는 내용도 들어 있다.

정책주권을 훼손하는 핵심은 '간접수용'과 '투자자-국가 소송제'다. 쉽게 말하면 한국에 투자한 미국인이 한국의 정책 변화로 손해를 보면 한국 정부를 상대로 보상을 청구할 수 있는 제도다. 국제중재기구가 간접수용이라고 인정하면 우리 정부가 돈을 물어내야 하고, 이게 싫으면 처음부터 정책을 포기해야 한다. 우리나라의 정책주권이 미국인 투자자 앞에서 무력해진다는 것이다.

반면, 한미FTA에 안전장치가 마련되어 있다는 의견도 없지는 않다. 공중보건, 환경, 안전, 부동산 가격안정화 등 공공복지를 위한 경우는 극히 드문 상황을 제외하고는 제소 대상에서 제외하고 있으므로 정책주권이 살아있다는 것이다. 또 "······등 공공복지를 위한 경우"라고 하여 표현하였기 때문에 명시되어 있는 몇몇 분야만이 아니라 정책 전반이 안전하다고 한다.

이런 제외 조항을 한미 양쪽이 너그럽게 해석한다면 괜찮을 수도 있겠지만 그럴 가능성은 희박하다. 공중보건을 위협하는 쇠고기, 그것도 우리 돈으로 사 먹는 쇠고기에 대한 미국 정부의 태도가 요즘 우리가 보는 것과 같을진대, 하물며 이윤을 추구하는 민간 투자자야 말해 무엇하리. 너그럽게 해석할 요량이라면 미국이 투자자-국가 소송제를 한미FTA에 포함시키려고 집요하게 물고 늘어지지도 않았을 것이다.

이해를 돕기 위해 예를 들어보자. 이명박 정부의 교육자율화 조치에 따라 사교육이 번창할 것으로 예상하여 미국인이 우리 사교육 기업에 투자를 했다고 하자. 그런데 사교육의 피해가 너무나 커서 다음 정부가 사교육 억제 정책을 쓴다면 미국인 투자자는 손해를 본다. 그러면 이 사람은 우리 정부를 상대로 손실 보상을 청구한다. 사교육을 통해 계층의 대물림이 강화되는 현상은 우리나라의 특수 사정이므로, 공공복지를 위한 정당한 규제라는 점을 미국과 국제사회가 이해하기 어려울 것이다.

다른 예를 들면, 얼마 전 있었던 초등학생 성폭력 사태와 같은 문제가 불거질 경우에 정부는 음란물을 강하게 규제하게 된다. 이때 음란물 산업에 투자한 미국인이 피해를 입으면 소송을 할 것인데 일단 소송이 붙으면 누가 이길지 예측하기 어렵다. 표현의 자유를 지나치게(?) 인정하는 미국은 음란물에 대해서 우리보다 훨씬 너그럽다. 미국의 기준이 글로벌 스탠다드로 통하는 세상에서, 판결을 내리는 국제중재기구가 한국의 손을 들어줄까?

공공부문 민간화는 사정이 더 어렵다. 전기, 상하수도, 통신, 도로, 교통, 운하 등은 한미FTA에서 명문으로 '투자계약'의 범위에 포함시켜 두었기 때문이다. 요즘 말이 나오는 것처럼 상수도 운영의 민영화를 한 다음에는 폐단이 생겨도 돌이키기 어렵다.

미국 쇠고기 파동을 거울 삼아, 검역주권은 물론 일반적인 정책주권을 지켜야 한다. 한미FTA를 재협상하여 호주처럼 정책주권을 훼손하는 투자자-국가 소송제는 삭제해야 한다. 마침 미국의 오바마 민주당 대통령 후보가 한미FTA에 제동을 거니 "그렇다면 우리도……" 하면서 재협상을 하면 된다. 이대로 한미FTA가 발효하면 한반도 대운하처럼 두고두고 후회할 일이 생길 것이다.

　　이것도 '괴담'이라고? 허허…….

『오마이뉴스』 2008. 6. 12.

5부

좋은 세상을 꿈꾸며

한글날을 공휴일로

한글날이 국경일에서 제외되었다가 금년부터 복권되었다. 10여 년 전에
는 국경일 겸 공휴일이었는데 이제 국경일 자리는 되찾은 셈이다.

한글날이 국경일 겸 공휴일에서 제외된 배경에는, 한글의 소중함에
대한 인식이 부족하다는 이유도 있었겠지만 10월 초에 공휴일이 겹친다
는 점도 작용하였을 것이다. 한때는 개천절과 한글날은 물론이고 국군의
날(10월 1일)도 공휴일이었기 때문에 심리적으로 공휴일을 줄인다면 10월
초가 그 대상이라고 자연스럽게 생각하게 되었을 것이다. 그 중에서 개천
절을 뺄 수는 없기 때문에 다른 두 공휴일이 사라진 것이 아닐까?

개천절은 원래 대한민국 임시정부가 음력 10월 3일로 정하여 대종교
교단과 함께 경축하였는데, 해방 후 음력이 공식적으로 폐지된 1949년부

터 양력 10월 3일로 바꾸게 되었다. 한편 한글날은 훈민정음 반포일을 추정해서 정했다. 1940년 7월에 발견된 『훈민정음』(해례본) 서문에는 9월 '상한'上澣이라는 기록이 나오는데, 이를 근거로 하여 9월 상순上旬에 훈민정음이 반포된 것으로 보고 9월 상순의 마지막 날인 10일을 양력으로 환산한 것이 10월 9일이다.

이런 유래를 생각하면 개천절과 한글날은 한 달 정도 간격을 두어야 옳다. 음력으로 한글날이 9월 상한, 개천절이 10월 3일이기 때문이다. 그러므로 둘 다 음력이나 양력으로 정하면 공휴일이 집중되는 문제가 해결된다. 설날과 추석을 음력으로 쇠니까 한글날과 개천절을 음력으로 지정해도 좋겠지만, 양력으로 환산하여 지정해도 역시 무방하다. 양력으로 한다면 개천절은 11월경이 될 것이다. 마침 11월에는 공휴일이 없으니 공휴일 분포가 안성맞춤이라고 하겠다.

연간 공휴일 수를 지금처럼 유지하려면 제헌절을 빼면 된다. 광복절과 제헌절은 둘 다 해방에서 정부 수립까지의 과정을 기리는 국경일이니까 광복절 하나만 두더라도 경축의 의미가 전혀 퇴색되지 않는다.

국경일을 반드시 공휴일로 해야 하는 것은 아니지만, 공휴일로 지정하는 것이 우리 문화의 자랑인 한글을 더 드높이는 상징적인 효과가 있다면 한번 고려해볼 문제다.

『오마이뉴스』 2006. 10. 9.

애국심으로 포장된 이기심, 동해의 국제 표기

사람도 생물이므로 생존 극대화가 기본적인 관심사다. 그러나 인격이 높아지면서 타인과 공동체를 배려하게 되고, 성인의 경지에 오르면 대의를 위해 자기를 희생하기도 한다. 그런데 개인적으로 배려의 미덕을 갖춘 사람도 집단의 일원이 되면 이기주의를 노골적으로 드러내는 경우가 많다. '집단을 위해서'라는 명분이 이기심을 포장해주기 때문인 듯하다. 더구나 집단의 단위가 국가가 되면 이런 태도가 '애국심'으로 높임을 받기까지 한다.

이런 현상은 한국과 일본처럼 피해자−가해자로서 복잡한 역사적 배경을 가진 이웃 나라 간에 더 분명하게 나타난다. 동해의 국제 표기를 둘러싼 한일 간의 신경전을 예로 들어보자. 일본은 18, 19세기부터 서양 문헌에 많이 등장하여 이제 국제관례가 되었다고 하면서 Sea of Japan을 고집한다. 그러나 서양인이 이름을 붙이기 전에도 바다 이름은 있었을 것이다. 우리나라, 만주, 중국 등 대륙 쪽에서는 '동해'라고 불렀다는 기록이 있다. 러시아 연해주의 동쪽 바다이기도 하지만 연해주가 러시아령이 된 것이 겨우 1860년이니까 러시아 쪽 명칭은 별 참고가 되지 않을 것이다.

일본 사람들은 이 바다를 '일본해'라고 부르지만 과거에 뭐라고 불렀는지 알려지지 않았다. 이름이란 식별을 위해서 필요하다는 점을 생각하면, 일본 사람이 이 바다를 처음부터 '일본해'라고 불렀다고는 생각되지 않는다. 대구 사람은 늘 눈 앞에 보이는 남쪽 산을 '대구산'이 아니라 그저 '앞산'이라고 부른다. 남자고등과 여자고등이 각각 하나뿐인 소도시에서는 학교 이름을 다 부르지 않는다. 그저 '남고', '여고'라고 부른다. 지금은 POSCO가 된 포항종합제철을 다른 지역 사람들은 '포철'이라고 하지만 정작 포항 사람들은 '종철'이라고 많이 불렀다. 포항에서는 지금도 그렇게 부르는 분이 적지 않다. 포항에서 '포항'은 식별용으로 무의미하기 때문이다. 이런 관습은 우리나라에만 국한된 것은 아니다.

더구나 '日本'이란 해가 뜨는 곳이고 일장기도 뜨는 해를 상징한다고 하는 일본 사람들이 해가 지는 방향인 서북쪽의 바다를 '일본해'라고 불렀다고는 생각되지 않는다. 아마도 오랫동안 강력한 중앙정부가 자리 잡지 못했던 일본으로서는 각 지방마다 이름이 달랐을 것이다. 그런데 일본 대사관에서 내놓은 자료에는 과거 국내 명칭에 대한 언급이 없다. 일본 국내에서 다른 이름으로 부른 사례가 있으면 Sea of Japan으로 굳히기에 혹 불리할 수도 있으니까 언급하지 않은 게 아닐까?

반면 우리나라에서는 Sea of Japan이라는 표기에 대해 극단적인 거부감을 보인다. 자존심도 자존심이지만 독도 문제에 영향을 줄까 염려해서 그런 것 같다. 물론 Sea of Japan이라고 표기한다고 해서 그 바다가 일본령이 되는 것은 아니다. 서구의 작명가들도 일본 소유의 바다라고 생각해서 그런 이름을 붙이지는 않았을 것이다. 인도 남쪽의 넓은 바다를 Indian Ocean이라고 부르지만 아무도 그 바다를 인도 영해라고 생각하지 않는 것과 같다. 그런데도 한일 양국에서는 바다의 명칭이 득도 영유권 분쟁에도 조금이라도 영향을 줄까 우려를 하는 것도 사실이다.

그렇더라도 이 바다를 East Sea라고 표기하는 것 역시 적절해 보이지 않는다. 역사적인 증거가 있다고 해도 그건 대륙의 시각만을 반영한다. 하나의 대안으로 노무현 대통령이 '평화의 바다'라는 표기를 예시한 적이 있다. 그러나 '평화의 바다'란 한일 간에는 의미가 있겠지만 국제적으로는 이 바다만 특별히 그렇게 불러야 할 이유가 없다. 그래서 한일 양국과 세계 각국이 수용할 수 있는 대안이 필요하다.

하나의 안으로, Japasian Sea라고 하면 어떨까? 아시아와 유럽을 잇는 철도를 Eurasia railway라고 하고 아시아-유럽 대륙을 Eurasian continent라고 하듯이, 아시아 대륙과 일본 사이의 바다라는 뜻이다. 혹 일본을 의미하는 Jap이 앞에 나와서 싫다는 분도 계실지 모르겠다. 그러나 영문 표기에서는 앞에 나온다고 해서 비중이 더 큰 것이 아니다. 미국과 러시아 간의 조약을 Russo-American Treaty라고 하지만 양국의 비중과는 무관하다. 한미FTA를 KorUS FTA라고 하지만 한국을 중시해서 그렇게 표기하는 것은 아니다.

물론 Japasian Sea 외의 다른 대안도 있을 수 있다. 그러나 어떤 경우에도 애국심으로 포장된 이기심을 놓아버리지 않으면 결국 힘에 의한 저급한 차원의 결정이 있을 뿐이다. 인격 수양이 각 개인의 고귀한 목표이듯이 집단과 국가의 품격 고양 역시 인류의 고귀한 목표가 아닐까?

*참고: 동해가 주로 한반도 동해안에 접한 바다라고 막연히 생각하는 국민이 많다. 그러나 실은 동해의 서쪽은 러시아 연해주와도 비슷한 길이로 접해 있고 동쪽은 대부분 일본에 그리고 북쪽 일부는 사할린 섬에 접해 있다.

『오마이뉴스』 2007. 6. 25.

탈레반 인질 석방, 그 이후

탈레반이 우리 인질 19명을 풀어주기로 했다는 기쁜 소식이 들어왔다. 그런데 발표된 석방 조건이 잘 이해되지 않는다는 일반인의 반응이다. 연내 한국군 철수와 향후 기독교단체의 아프간 선교 금지 등이 조건이라고 하는데 한국군은 올해 말 철수할 예정이었고, 선교단체를 포함해서 한국인의 아프간 입국이 전면 금지되어 있는 상황이라 뭔가 다른 흑의가 있을 것으로 추측하는 사람이 많다.

탈레반이 줄기차게 요구해온 '수감자 석방' 대신 얻어낸 것은 무엇일까, 그리고 왜 그걸 발표하지 않았을까? 물론 발표된 것 외에는 아무런 대가가 없을 수도 있다. 탈레반의 발표처럼 순수히 인도적인 조치일 수도 있겠지만, 이미 무고한 인질을 납치하였고 그 중 두 사람을 살해한 마당에 이런 말을 믿기는 어렵다.

지금까지 인질 석방의 대가로 몸값을 지불하는 방안이 유력하게 거론되어 왔었다. 탈레반이 1인당 10만 달러의 몸값을 요구했다는 외신 보도도 있었고, 50만~100만 달러 선이 될 것이라는 소문도 있었다. 또 9월 13일부터 시작되는 라마단을 맞아 아프간 정부가 일부 탈레반 수감자를 특별사면 형식으로 석방할 것이라는 전망도 나오고 있다.

우리로서는 알 길이 없지만 혹여라도 대가가 있다면, 그리고 대가의 큰 테두리만 정해지고 세부적인 합의는 이제부터 해나간다고 한다면, 명분 있는 대가를 생각해보는 것도 도움이 될 수 있다. 그렇다면 대가로는 무엇이 좋을까? 탈레반이 원하는 지역에 인도적인 시설을 건설해주는 방법은 어떨까? 인도적 시설로는 의료시설·상하수도·전기·도로·농업 기반시설, 나아가서는 신도시 등이 있다.

인도적 시설로 해결하면 여러 좋은 점이 있다. 첫째로, 우리 경제 수준으로 볼 때 남에게 좀 더 베풀어야 하는 시점이고, 베푼다면 전쟁에 시달려 피폐해진 아프간 같은 곳이 적절한 대상이다. 그런데 인질 사태까지 났으니 이건 불교에서 말하는 커다란 인연이 아닐까? 원수를 자비로 갚고, 적대를 화해로 바꿀 수 있는 감동적 사례가 될 수 있다.

둘째로, 인도적인 시설 지원은 금액이 다소 크더라도 국민정서상 문제가 안 될 뿐 아니라, 탈레반 지역에 건설한다고 해도 결국 아프간 국민을 돕기 때문에 아프간 정부나 미국에서도 할 말이 없을 것이다. 또 우리 외교가 취약한 중앙아시아와 이슬람 지역에 코리아 기지를 건설함으로써 국위도 높이고 외교적 실리도 얻을 수 있다.

셋째로, 국내 건설회사의 숨통을 틔워줄 수 있다. 부동산투기 열풍이 가라앉으면서 건설사의 일거리가 줄어든다고 아우성이다. 그래서 부동산 보유세를 낮추자거나 투기 바람이라도 불어야 한다는 소리까지 나오고 있다. 이런 주장은 물론 일고의 가치도 없다. 그러나 아프간에 신도시라도 건설하게 되면 이런 주장을 잠재우는 동시에 건설사와 우리 경제에 도움을 줄 수 있다.

이렇게만 결말이 난다면 고려 성종 때 서희가 이룬 업적에 맞먹는 수준이 될 것이다. 서희는 993년 거란의 소손녕이 침입했을 때 놀라운 외교적 성과를 올린 인물이다. 서희는 땅이라도 떼어주고 화전을 하자는 조정 대신들의 주장을 물리치고, 담판을 통해 소손녕에게 침입의 부당성을 인식시켰다. 그 결과 땅을 떼어주기는커녕 오히려 압록강 동쪽 280리 땅을 고려가 개척하기로 양해를 받아낸 바 있다.

인질을 구해오면서 아프간에 인도적 시설을 지원하여 취약지역의 외교기지로 활용한다면, 당면한 분쟁을 해결하는 정도가 아니라 이를 계기로 대한민국이 더 뻗어나갈 수 있다는 점에서 서희의 공적에 비견할 수 있지 않을까?

『경향신문』 2007. 9. 1.

양심적 병역거부의 딜레마

종교적 또는 양심적인 사유로 입영을 기피하는 사람들에게, 이르면 2009
년부터 대체복무가 허용된다는 보도가 나왔다. 대체복무 대상은 전남 소
록도의 한센병원, 경남 마산의 결핵병원, 서울과 나주·춘천·공주 등의
정신병원 등 9개 국립 특수병원과 전국 200여 개 노인전문요양시설 등 강
도가 높은 곳으로 하고, 근무연한도 육군 현역병의 두 배인 36개월로 한
다고 한다(육군 현역병의 경우, 지금은 복무기간이 24개월이지만 앞으로
18개월로 줄게 된다).

양심적 병역거부 문제는 오랫동안 우리 사회를 뜨겁게 달군 토론 주
제였다. 양심에 따라 병역을 거부하는 사람의 인권도 보호하는 것이 바람
직하다는 원론에는 누구도 이론이 없을 것이다. 그러나 현실을 감안하면

이를 무조건 수용하기도 어려운 딜레마에 빠지고 만다.

세상 사람 모두가 평화를 간절히 원하고 그래서 아무도 전쟁을 일으키지 않을 게 확실하다면 군대는 존재하지 않을 것이다. 그러나 사람들은, 인간이(적어도 일부 인간이) 생존 극대화라는 저급한 욕망에 사로잡혀 있다는 사실을 잘 알기 때문에 필요악으로서 군대를 인정한다. 또 모든 나라에서 병역거부자가 동시에 늘어나서 각국의 군대가 같은 비율로 줄어든다면 좋겠지만 그럴 가능성은 희박해 보인다.

병역거부는 기독교 일부 종파에서 문제가 되고 있는데, 설령 세계인이 빠짐없이 기독교인이 되더라도 군대가 사라지기는 어려울 것이다. 성경에는 "원수를 사랑하고, 네 이웃을 네 몸과 같이 사랑하고, 누가 오른뺨을 치거든 왼뺨마저 돌려대고, 일흔 번씩 일곱 번이라도 용서하라"고 되어 있다. 그러나 기독교 국가끼리 싸운 참혹한 전쟁의 역사가 보여주듯이, 독실한 기독교 신자인 부시 대통령이 이라크 침공에 적극적이듯이, 신자라고 해서 모두 성경의 가르침을 철저하게 실천하는 것은 아님을 서로가 잘 알기 때문에 군대는 사라지기 어렵다.

세상의 실정이 이런데 어떤 사람이 이유야 어떻든 병역을 거부한다고 나서면 일반인의 시선이 고울 리 없다. "누구는 전쟁이 좋아서 군에 가는 줄 아느냐?", "네가 군에 안 가면 다른 누군가가 그 자리를 채워야 하는데 너무 이기적이 아니냐?"와 같은 반응은 자연스러워 보인다.

이런 점을 생각하면, 병역거부를 교리로 삼는 종교가 국민의 이해를 얻기 위해서는 적어도 두 가지 노력을 해야 한다. 첫째로, 소극적인 거부에 그칠 것이 아니라 병역이 필요하도록 하는 근본 원인을 제거하기 위해 애를 써야 한다. 즉 세계 평화를 위한 적극적인 노력과 자기희생이 있어야 한다는 것이다.

둘째로, 군 입대자를 존중하고 배려해야 한다. 징병제에서는 누군가 입대하지 않으면 다른 사람이, 대체로 형편이 더 나쁜 사람이 입대해야 한다. 의도하든 안 하든 자기가 싫은 일을 남에게 미루게 된다는 것이다. 병역거부자가 기독교인일 경우 "남에게 대접을 받고자 하는 대로 너희도 남에게 대접하라"는 성경의 황금률을 결과적으로 어기게 된다. 이런 노력과 배려 없이 "나는 빠질 테니 국방문제는 너희가 알아서 해라"고 하는 것은 성숙한 모습이 아니다.

양심적 병역거부자를 처벌하지 않을 경우, 군 입대자와의 형평성을 생각하면 대체복무제를 둘 수밖에 없다. 그러나 "군대는 전쟁을 위해 존재하고 전쟁이 나면 생명이 왔다 갔다 하는데 형평성 있는 대체복무가 있을 수 있는가?"라는 의문을 해소할 수 없다. 평시에는 몰라도 전시에는 정말 심각한 문제가 된다.

그래서 대체복무보다는 군 복무자 우대가 근본 해법이다. 군 복무를 "박박 기고 푹푹 썩는" 희생이 아니라 젊은이가 부러워하는 기회가 되도록 해주자는 것이다. 군대를 좋은 직장으로 만들어 지원제를 실시하면 병역회피라는 문제 자체가 발생하지 않는다. (흔히 모병제라고 하지만 징병제에서도 모병을 하니까 '지원제'가 더 정확한 명칭이 아닐까?) 징병제가 불가피하다면 복무에 상응하는 보상을 해주고, 희생자에 대해서는 보훈제도나 정부가 부담하는 보험으로 충분히 보상해주고 전역 후 직업 알선도 해주어야 한다. 또 경제적 혜택 외에 명예로도 보상해주어야 한다.

군 복무에 상응하는 보상액은 최소한 군에 안 가는 사람이 벌 수 있는 수입만큼은 되어야 할 것이다. 계산을 쉽게 하기 위해 그 금액을 월 100만 원이라고 해보자. 요즘 같은 불경기에 의식주를 해결하고 순수입 100만 원이면 그리 적지는 않다고 보지만 사회적 합의에 따라 더 올릴 수도 있다. 2년간 군 생활을 하고 제대한다면 2400만 원에 이자를 추가한 목돈을 받아 사회생활을 출발할 수 있다.

'월 100만 원? 그 돈을 어떻게 감당하나' 이렇게 생각하실 분도 계실 것 같으니 셈을 해보자. 우리 군의 사병 수를 대략 50만 명으로 보고, 월 100만 원씩 주려면 월 5000억 원, 연 6조 원이 필요하다. 내년도 정부 일반회계 예산이 180조 원쯤 되니 3.3% 정도다. 월 150만 원이라면 연 9조 원으로 내년 예산의 5% 정도다. 물론 적은 금액은 아니지만 예산은 우선순위를 정하기에 달렸다. 국방보다 우선순위가 더 높은 정책이 어디 있겠는가?

끝으로, '양심적 병역거부'라는 표현의 문제를 지적하고 싶다. 문제를 이성적으로 다루려면 문제를 표현하는 용어가 중립적이어야 하는데 병역거부 문제는 '양심'이라는 용어가 불필요하게 감정을 자극한다. 양심적 병역거부는 영어 'conscientious objection'의 번역어다. conscientious의 명사형인 conscience는 흔히 '양심'으로 번역되지만 오해의 소지가 있다. conscience는 사람마다 다를 수 있는 반면, 우리말 '양심'은 대체로 모든 사람에 공통되어 있는 것으로 이해된다.

우리 헌법 제19조는 "모든 국민은 양심의 자유를 가진다"고 되어 있는데 여기의 '양심'도 번역어다. 그래서 헌법학에서 말하는 양심과 일반 국민이 느끼는 양심이 일치하지 않는다. 양심적 병역기피자의 인권문제에 깊은 관심을 가진 경북대 김두식 교수가 쓴 『평화의 얼굴』에 보면 헌법학에서 양심이란 "어떤 일의 옳고 그름을 판단함에 있어서 그렇게 행동하지 않고는 자신의 인격적인 존재가치가 파멸하고 말 것이라는 강력하고 진지한 마음의 소리"로 정의된다(40쪽). 간단히 하면, 헌법의 양심은 '인격을 건 신념'이라는 뜻이다.

이 때문에 "병역을 거부하는 네가 양심적이라면 군대 가는 나는 비양심적이란 말이냐?"라는 반발이 생긴다. 용어가 낳은 소모적인 논란이다. 처음부터, 감정이 개입되기 쉬운 '양심적 병역거부'라는 표현 대신 '신념에 따른 병역회피'라고 표현했으면 좋았을 것이다. 신념은 사람마다 다를 수 있으므로, 쟁점이 "병역기피가 양심적인가?"가 아니라 "병역회피라는 신념은 헌법 제19조의 보호 대상이 되는가?"로 설정되어 이성적인 토론을 할 수 있기 때문이다.

『공동선』 2007년 11-12월호

미숙한 헌재 절차, 미디어법 운명 갈랐다

미디어법과 헌법재판소 결정에 관한 글을 쓰려니 주저된다. 헌재 결정은 10월 29일로 벌써 여러 주가 지났는데, 매일매일 초점이 바뀌는 언론에 싣는 글로서는 너무 낡은 주제라는 걱정 때문이다. 그렇지만 미디어법은 현재진행형인 데다가, 헌재의 결정에는 주목받지 못한 중요한 일면이 있는 듯해서 한번 짚어두고 싶다.

미디어법에 대한 헌법재판소의 결정을 두고 말이 많았다. 그러나 합의체인 헌재가 집단적 결정의 '절차'만이라도 제대로 밟았다면 결론이 달라질 수도 있었다는 사실은 별로 주목을 받지 못했다.

헌재 재판관 9명은 신문법안에 대해서는 7:2로, 방송법안에 대해서는 6:3으로 국회 절차가 국회의원의 심의·표결권을 침해하였다고 판단하였다. 그러나 가결선포가 무효임을 확인해달라는 청구에 대해서는 신문법안에 대해서는 6:3으로 방송법안에 대해서는 7:2로 기각하였다.

"커닝은 했지만 성적은 유효"?

미디어법 통과를 기정사실화하고 싶은 정부·여당·보수언론 쪽에서는 이런 결과를 환영하였다. 무효 선언이 없었다는 점을 강조하고 싶은 마음이 지나쳐서 그랬는지, 헌재가 '유효'라고 결정했다고 왜곡까지 하였다. 비판하는 여론도 많았지만 역시 오해가 있었다. 헌재가 "커닝은 했지만 성적은 유효"라고 결정했다고들 생각하였다.

이런 반응에 대해, 헌재의 하철용 사무처장은 11월 16일 국회 법사위 전체회의에 출석해서, 헌재는 국회의 자율적 시정에 맡기자는 결정을 한 것이라고 해명하였다. "커닝은 했지만 성적 처리는 담당 교사에게 일임한다"는 뜻이라는 말이다. 그런데 헌재가 과연 하 처장의 해명에 맞는 결정을 했는지는 불확실하다.

신문법안을 예로 들어보겠다. 재판관들의 의견을 분류하면 다음과 같다.

　　― 국회의원의 심의·표결권을 침해하지 않았기 때문에 무효확인 청구
　　　는 판단할 필요가 없다. (민형기·목영준)
　　― 국회의 자율권을 존중하는 의미에서 시정 조치는 국회에 맡긴다. (이
　　　강국·이공현·김종대)

— 입법 절차가 국회법은 위반했지만 위헌은 아니다. (이동흡)

— 무효다. (조대현·송두환·김희옥)

국회 자율에 맡기자는 의견은 과반수 미달

재판관 9명 중에서 6명이 무효확인 청구를 기각하는 의견을 냈지만, 국회의 자율적 시정에 맡기자고 한 재판관은 3명뿐이다. 위헌이 아니기 때문에 유무효 여부를 가리지 않겠다고 한 이동흡 재판관을 혹 포함시킨다고 해도 4명으로 과반수가 안 된다. 따라서, 헌재가 유무효 판단을 하지 않은 이유가 무엇인지 알 수 없다는 것이 정답이다.

헌법기관인 헌재가 대의제의 기초인 법률제정 절차에 대해 결정을 했지만 결정 이유를 알 수 없다니? 이런 이상한 결과가 나온 이유는, 연계된 안건을 집단적으로 결정할 경우에는 혼자서 결정할 때와는 다른 절차를 밟아야 한다는 사실을 무시했기 때문이다.

미디어법과 관련하여 헌재가 결정해야 할 사항은, 국회의 입법 절차가 적법한지와 위법이라면 무효가 아닌지의 두 가지였다. 이 중에서 적법성 판단은 유무효 판단의 전제가 되므로 당연히 먼저 이루어져야 한다. 각 재판관은 이런 순서를 따랐으므로 개인적으로는 오류를 범하지 않았다. 적법 의견을 낸 재판관 2명(민형기·목영준)이 유무효를 따질 필요가 없다고 한 것은 논리적으로 당연하다.

적법성 판단 후에 별도로 유무효 판단했어야

그러나 헌재는 합의체다. 당연히 적법성에 관한 집단적 결정을 먼저 하고 재판관 모두가 그 결정을 수용하는 가운데 유무효 판정을 해야 했다. 신문법안이 이런 단계적 결정을 거쳤다면 결과가 어떻게 되었을까? 문제의 두 재판관은 국회가 자율적으로 시정하도록 하자고 했을 수도 있고 무효라고 했을 수도 있다. 어느 쪽이냐에 따라 자율 시정 대 무효가 6:3이 될 수도 있었고 4:5로 뒤바뀔 수도 있었다. 어떤 결과가 나오든 헌재가 어정쩡한 결정을 했다는 비판은 피할 수 있었다.

헌재는 왜 이런 점에 주목하지 않아 스스로 신뢰와 권위에 흠집을 내었을까? 단순한 불찰? 아니면 헌재가 처리해야 할 업무가 너무 많아서 그랬나? 헌법재판소장의 지도력 부족? 혹은 조정이 불가능할 정도로 각 재판관이 독불장군인가? 어느 쪽인지는 몰라도 앞으로는 이런 일이 되풀이되어서는 안 된다. 국민을 위해서도 그렇고, 민주주의를 수호해야 할 막중한 책임을 가진 헌재의 위상을 위해서도 그렇다.

『평화뉴스』 2009. 12. 14.

배출권거래제는 환경투기 낳는다

환경은 국민 모두의 관심사다. 맑은 공기와 깨끗한 물은 누구나 원하는 것이고, 4대강사업이 환경 살리기인지 죽이기인지 논란이 일고 있는 시점이어서 더욱 관심들이 높다. 그러나 한쪽에서 배출권거래제라는 이름으로 환경을 팔아치우고 있는데도 사람들이 주목하지 않고 있다.

사람은 살아가는 그 자체로 환경을 어느 정도 오염시킨다. 그러나 그 정도가 심해서 환경의 자정능력을 초과하면 오염행위에 제한을 가할 수밖에 없다. 배출권거래제는 환경오염 물질을 배출할 수 있는 한도를 배정해준 후, 권리자가 실제 배출량을 한도 이하로 줄일 경우에 그 차이만큼을 시장에 내다 팔 수 있는 제도다. 달리 표현하면 환경오염권을 창설하여 시장거래를 보장하는 방식으로서, 자연을 사고판다는 점에서 현재 우리 사회의 토지제도와 닮은꼴이다.

배출권거래제 중 처음 제도화한 대상은 탄소다. 탄소의 과다 배출로 인한 지구온난화 현상에 대한 경각심이 높아지자, 1997년 교토에서 열린 기후변화협약 총회에서 탄소 배출권거래제에 합의를 이룬 것이다. 유럽과 미국에는 이미 국제적인 시장이 형성되어 있고, 우리나라에서도 금년부터 탄소 배출권거래제를 시범 실시한다. 그러나 이 변화에 대한 사회적 관심은 뜻밖에도 적다.

신자유주의에 어울리는 배출권거래제

배출권거래제는 배출권의 가격과 배분이 시장에서 결정되므로, 정부 간섭의 극소화와 시장기능의 중시를 핵심으로 하는 신자유주의와 잘 어울린다. 이 제도가 교토의정서에 채택된 것도 시장에 대한 믿음이 세상에 퍼져 있기 때문으로 보인다. 더구나 배출권 시장이 '완전경쟁' 상태에 있다면 시장을 통해 환경문제를 해결할 수 있다는 이론이 믿음을 뒷받침한다.

그러나 문제는 '완전경쟁'이라는 가정이다. 주류경제학에서는 가정 속에서나 맞는 이론을 세우고는 늘 불완전할 수밖에 없는 현실에 그대로 적용하려고 한다. 우리는 그 폐단을 토지를 통해 이미 잘 알고 있다. 토지시장이 교과서와 같은 완전경쟁 상태라면 토지불로소득이 없고 따라서 토지투기도 발생하지 않는다. 하지만 우리 사회는 부동산투기라는 고질병을 지긋지긋하게 앓아왔다. 그런데도 시장자유주의자들은 가정에 믿음을 더해서, 토지든 환경이든 사유화해서 시장에 맡기라는 처방을 확신에 차서 내놓는다. 현실에서는 엄청난 부작용을 낳을 수 있다는 사실을 외면한다.

토지투기보다 더 큰 비극 초래

현실에서 배출권거래제는 토지처럼 불로소득을 낳고 투기를(투기라는 말이 싫으면 투자라고 해도 마찬가지다) 유발할 수밖에 없다. 투자기관에서 미래의 재테크 유망종목으로 배출권에 주목하는 것은 바로 이 때문이다. 배출권이 투기/투자 대상으로 전락할 때 생기는 문제도 토지의 경우와 흡사하다. 세 가지만 들어보자.

첫째로 불로소득으로 분배정의가 무너진다. 너무나 당연하여 더 이상 설명이 필요없을 것이다. 특히 기존의 배출량을 기준으로 해서 무상으로 배출권을 배정하는 소위 그랜드파더링grandfathering(옛 관행 존중하기)이 대세인 것으로 보이는데, 이렇게 되면 분배문제는 더 심각해진다. 기존 오염자가 자신의 잘못에 대해 처벌을 받기는커녕 오히려 보상을 받기 때문이다.

둘째로 배출을 위해서가 아니라 불로소득을 얻기 위해 배출권을 소유하는 사람이 많아진다. 이런 투기 수요는 가수요이므로 권리가 유휴화하고 정작 배출이 필요한 사람은 적절한 값으로 권리를 구할 수 없게 된다. 투기 때문에 알짜 토지가 빈 땅으로 방치되는 폐단, 즉 소위 '알박기' 폐단이 생긴다는 것이다.

셋째로 버블의 형성과 붕괴를 통해 경제 전반의 파탄을 초래할 수 있다. 부동산투기가 1990년대 초의 일본, 2007년 이후의 미국에서 버블 붕괴를 일으킨 것과 같다. 경제성장의 압력이 거세질수록 환경의 가치는 급상승할 것이므로 더 엄청난 비극이 발생할 것이다.

대안은 탄소세, 그러나 기득권층이 저항

가격을 매개로 자원을 배분한다는 시장원리를 존중하면서도 부작용을 막는 방법이 있다. 배출권거래제 대신 탄소세를(나아가서는 환경세를) 도입하면 된다. 오염의 진정한 가격은 그 피해액 또는 환경 회복 비용이므로, 이 가격을 세금으로 징수하면 된다. 오염자는 제 가격을 지불하게 되므로 완전경쟁 시장에서처럼 불로소득이 없고 권리가 유휴화되지도 않으며 버블 비극도 발생하지 않는다. 탄소세는 스웨덴, 덴마크, 핀란드 등 일부 유럽 국가에서 실시되고 있다.

그러나 탄소세는 원칙적으로 그랜드파더링이 없어 기존의 다량 오염자가 기피한다. 불로소득을 기대할 수 없으므로 투자자의 관심을 끌 수도 없다. '큰손'들이 좋아하지 않는 제도라는 말이다. 그래서 우여곡절을 겪고 있는 프랑스 사례에서도 보듯이 탄소세에 대해서는 저항은 많고 지원은 적다. 우리나라 종합부동산세와 비슷하다고 보면 된다. 좋은 약은 입에 쓰다더니……

너무나 쉬운 질문을 다시 해보자. 환경은 누구의 것인가? 오염자의 것인가, 투자자의 것인가, 아니면 국민(넓게는 인류) 모두의 것인가?

『평화뉴스』 2010. 2. 28.

"괜찮아, 대~한민국"은 괜찮나

월드컵 축구 열기가 뜨거웠다. 온 국민이 대표팀의 선전에 즐거워했고 분패를 아쉬워했다. 모래알같이 흩어진 민심이 하나로 모여 연대의식을 형성하였다. 아르헨티나에게 대패했지만 "괜찮아, 대~한민국" 하면서 서로 위로하였다. 아름다운 모습이다.

내 안의 이기주의

그런데 느닷없는 질문을 하나 허보자. 왜들 열심히 응원을 하는 걸까? 물론 대한민국이 잘되는 것은 곧 내가 잘되는 것이라고 생각하기 때문이다. 그러나 좀 이상하질 않나? 평소의 우리는 전체의 이익에는 관심이 적고

나 개인, 내 가족이 잘되길 더 바라지 않나?

예를 들어보자. 상당수의 지방자치단체장은 4대강사업을 환영한다. 전남지사까지 환영한다. 왜 그럴까? 4대강사업이 '백년대계'를 위해 꼭 필요하기 때문에 환영하나? 그건 아닌 것 같다. 4대강사업을 추진하는 쪽에서 사업의 효과로 내세우는 홍수 대비, 물 부족 해소, 수질 개선, 일자리 창출 등에 대해서는 반론이 있다. 종교단체까지 반대의 목소리를 높이는 것은 반론의 설득력이 있기 때문이다.

지방자치단체장들이 반론을 진지하게 검토했다는 흔적은 없다. 다 알고 있듯이, 단체장들이 환영하는 이유는 사업을 통해 자기 지역에 떡고물이 떨어진다는 것이다. 누구를 위한 떡인지는 몰라도, 설사 악마를 위한 떡이라고 하더라도, 우리가 떡고물을 챙길 수 있으면 된다는 것이다.

백년대계? 떡고물만 챙기면 그만

정치인은 그렇다고 치더라도 지성의 전당이라고 하는 대학의 총장은 어떨까? 필자가 소속된 경북대학교에서는 지난 18일 총장 선거가 있었는데 중요 쟁점 중 하나가 국립대 법인화였다. 국립대 법인화란 정부 축소와 시장 확대라는 흐름 속에서 국립대의 효율을 높인다는 명분으로 정부가 내놓은 방안이다.

초기에 법인화를 지지하던 후보도 학내 여론이 부정적이라고 생각되자 막바지에 공약을 바꿨다. 그러나 누구든 일단 총장이 되고 나면 법인화를 추진할 것이라는 전망이 지배적이다. 지금까지 정부가 말 잘 듣는 대학에 상당한 '당근'을 제공한다그 하면, 총장들은 그것이 교육의 '백년 대계'에 부합하건 말건 늘 순응해왔기 때문이다.

지자체장과 총장의 태도는 "대한민국이 잘되는 것은 곧 내가 잘되는 것"이라는 생각과 조화되지 않는다. 오히려 대한민국이 망해도 내게 더 이익이 되면 그만이라는 데 더 가깝다. 이런 사정을 아는 정부는 떡고물로 지자체와 대학을 조종한다.

물론 변명도 있다. 지자체장이나 총장이 자신을 위해서가 아니라 소속 지자체와 대학을 위해서 그런다는 것이다. 그러면 '집단을 의해서'라는 명분은 그대로 인정해도 좋은가? 그게 바로 집단이기주의가 아닌가? 이런 명분은 집단 구성원에 대해서만 변명이 될 수 있을 뿐이다.

성인聖人도 월드컵 축구 응원할까

모든 생물이 그렇듯이 사람도 생존 극대화가 기본적인 관심사다. 그러나 인격이 높아지면서 타인과 공동체를 점점 더 배려하게 된다. 그런데 개인적으로는 배려의 미덕을 갖춘 사람도 집단의 일원이 되면 이기주의를 노골적으로 드러내는 경우가 많다. '집단을 위해서'라는 명분이 이기심을 포장해주기 때문인 듯하다. 그러나 이 명분이 정당하려면 적어도 전체를 해롭게 하지 않는 동시에 다른 집단에도 손해를 끼치지 않아야 한다.

이런 관점에서 보면 월드컵 축구 응원도 마냥 좋은 것만은 아니다. 응원은 기본적으로 '동일시'라는 심리기제에서 나오기 때문이다. 즉 대표팀을 나라고 생각한다는 것인데, 그렇다면 응원은 곧 나를 위한 것이다.

이기주의의 단위가 국가가 되면 '애국심'으로 높임을 받기까지 하지만, 열광적인 스포츠팬일수록 국수주의 성향이 강한 경향이 있다는 지적도 귀담아들어야 한다.

엉뚱한 상상을 해본다. 예수는 이스라엘이 축구에서 이기면 뛸 듯이 기뻐할까? 석가모니는? 아닐 것이다. 이런 성인들은 개별 국가의 승패에 대해서가 아니라 월드컵이 세계 평화에 기여하고 인류의 수준을 높일 경우에만 기뻐할 것이다. 월드컵 축구와 같은 평화적(?) 경쟁이 총칼로 하는 실전을 막는 효과가 있을까? 아니면 민족주의를 부추겨 오히려 평화의 적이 될까?

*한마디는 하고 글을 마쳐야 할 것 같습니다. 우리는 성인이 아니니까 응원도 하고 승패에 따라 희비를 함께하는 것은 물론 괜찮겠지요. 다만, 애국심으로 포장된 이기주의를 경계하고 응원이 차별과 배제, 심지어는 증오에 이르지 않도록 한다면 그걸로 충분할 것입니다.

『평화뉴스』 2010. 6. 21.

소모적 경쟁의 비극

경제위기 속에서 추위 속에서 연말을 맞는다. 그러지 않아도 어려운 사회적 약자의 삶이 더 팍팍해지고 경쟁이 더 치열해질 것이다. 더구나 이명박 정부는 경쟁을 중시한다. 심지어 경쟁을 통해 승자가 독식을 해도 괜찮다고 생각하는 듯하다. 그러나 경쟁을 정책화하려면 경쟁에 대한 깊이 있는 성찰이 필요하다.

보통 사람은 경쟁을 싫어한다. 경쟁 자체가 부담스러울 뿐 아니라 패배하면 실리도 잃는다. 뿐만 아니라, '승자의 저주'winner's curse라는 용어가 있을 정도로, 경쟁이 지나치면 승자마저 손실을 입는다. 예를 들어, 경매가 과열되어 가격이 너무 높아지면 매수자에게 오히려 불리하게 된다.

반면, 경쟁이 사회에는 이익이 된다는 믿음이 있다. 미국식 주류 경제학의 믿음인 동시에 경쟁에서 이길 자신이 있는 상류층의 믿음이기도 하다. 그러나 '경쟁은 선'이라는 막연한 생각은 '경쟁은 악'이라는 단순한 거부감처럼 너무 순진하고, 때로는 위험하기도 하다.

정부가 경쟁을 촉진하는 정책을 펴려면 다음 세 가지 조건을 충족시켜야 한다. 경쟁의 성격이 적어도 소모적 경쟁은 아니어야 하고, 경쟁의 과정이 공정해야 하며, 경쟁 결과 생기는 패자에 대한 배려가 있어야 한다. 글의 분량 관계로 여기에서는 소모적 경쟁에 대해서만 생각해보기로 한다.

소모적 경쟁과 파국

영화관에서 앞사람이 서면 뒷사람도 서서 볼 수밖에 없다. 다들 경쟁적으로 일어서면 누구에게도 이익이 안 된다. 괜히 다리만 아플 뿐이다. 상점의 간판을 크게 만들어 다는 것도 마찬가지다. 일부 상점의 간판만 크다면 몰라도 모두들 큰 간판을 달면 효과가 없다. 간판 비용만 더 들어갈 뿐이다.

대학입시경쟁도 소모적이다. 대학, 특히 경쟁의 목표가 되는 세칭 '명문대'의 모집정원이 정해져 있으므로 고등학생이 다 같이 공부시간을 늘리면 합격이 쉬워지지 않는다. 또 출제의 범위와 수준을 제한할 수밖에 없는 대학입시에서 경쟁은 진짜 학력이 아니라 문제풀이 능력을 높이는 게 보통이다. 그 통에 학창시절이 지옥으로 변하고 그 나이에 꼭 양성해야 할 체력, 창의력, 지적 호기심, 예술적 감수성이 희생된다.

전 세계를 괴롭히고 있는 미국발 경제위기도 부동산 불로소득을 추구하는 소모적 경쟁에서 생긴 불상사다. 불로소득은 사회에 아무런 이익을 주지 않지만 개인을 부자로 만들어줄 수는 있다. 그래서 부동산 가격 상승기에는 다들 경쟁적으로 불로소득을 쫓는다. 남보다 한 걸음이라도 앞서야 한다는 또는 최소한 뒤처져서는 안 된다는 강박관념이 지배한다.

강박관념은 쏠림 현상을 낳고 그로 인해 부동산 거품이 더 커지며 거품이 커지면 다시 쏠림 현상을 증폭시킨다. 그러다가 급기야 거품이 한계에 도달하면 그제서야 정신들을 차린다. 너나없이 서둘러 판에서 발을 빼려고 하지만 이미 때는 늦다. 사람들은 불안감에 휩싸인다. 부동산에서 시작한 위기가 경제 전반으로 번지면서 총체적 파국으로 치닫는다.

대증요법보다는 원인 제거를

소모적 경쟁에 의한 낭비와 파국을 막으려면 어떻게 해야 할까? 모든 사람이 과도한 욕심을 자제하고 냉철한 판단에 따라 행동하면서 타인과 사회를 배려할 수 있다면 가장 좋다. 그러나 현 인류의 성숙도는 그 수준에 못 미치는 것으로 보인다. 그렇지 않다면 역사상 어리석은 파국이 되풀이되었을 리가 없다.

경쟁 자체를 규제해야 한다고 생각하는 사람도 많을 것이다. 영화 관람객이 자리에서 일어서지 말도록, 간판의 크기를 일정 크기 이하로 하도록, 입시경쟁을 못하도록, 투자회사들이 부동산 파생상품을 판매하지 못하도록 하자는 것이다.

그러나 근본적으로는 이런 규제 위주의 대중요법보다는 원인을 없애는 것이 정답이다. 영화관의 스크린과 좌석을 잘 배치하면 아무도 일어설 필요가 없다. 간판의 경우에는 큰 간판이 별 쓸모가 없도록 고객을 위한 안내 제도를 잘 구축하면 된다. 대학입시와 부동산투기의 경우는 학벌과 부동산에서 불로소득이 생기지 않도록 해야 한다.

이명박 정부가 경쟁을 촉진하는 정책을 펴고 있고 경제위기가 경쟁을 더 치열하게 만들고 있지만, 이 글에서 지적한 소모적 경쟁 문제 외에도 경쟁의 공정성과 패자에 대한 배려에 대해서도 좀 더 깊이 있는 성찰과 대책이 필요하다는 점을 인식해주었으면 좋겠다.

『공동선』 2008년 11-12월호

종교는 사회문제에 침묵해야 하나

가톨릭 서울 대교구장을 맡고 있는 정진석 추기경이 지난해 12월 "주교단에서는 4대강사업이 자연 파괴와 난개발의 위험이 보인다고 했지, 반대한 것은 아니다"라고 하자 원로 사제들이 사실과 다르다고 비판한 일이 있었다. 가톨릭은 엄격한 위계질서를 유지하는 교단이라고 알고 있던 일반인을 놀라게 한 사건이다.

서울 대교구 환경사목위원회가 주최한 제3회 가톨릭 에코포럼을 평화방송에서 녹화하였는데 정홍규 신부의 강연 중 4대강 관련 내용이 편집되는 일도 있었다. 또 천주교정의구현 전국사제단의 대표인 전종훈 신부는, 안식년을 받을 해가 아닌 2008년에 안식년 발령을 받았고 그게 한 해도 아니고 3년간 이어지고 있다. 전 신부는 사제단 대표로서 2007년 김

용철 변호사의 삼성 비자금 폭로를 주선했고, 2008년에는 촛불집회 시국미사에 나섰었다.

이런 일은 정진석 서울 대교구장의 직·간접적인 지시에 의해 일어났다고 한다. 정진석 추기경은 아마도 '정교분리'를 넓게 해석하여 종교단체 또는 성직자가 특정 정책이나 사회문제에 개입하는 것은 옳지 않다는 견해를 가지고 있는 듯하다.

정교분리의 참뜻은

정교분리는 오늘날 대부분 현대 국가의 보편적 원칙이다(일부 이슬람 국가는 예외로 보인다). 우리 헌법에도 "국교는 인정되지 아니하며, 종교와 정치는 분리된다"고 되어 있다(제20조 제2항). 정교분리는 원래 국가가 특정 종교에 편향된 정책을 취해서는 안 된다는 뜻이었다. 이 표현을 처음 사용한 토마스 제퍼슨도 "입법부가 종교의 창설을 권장하거나 제한하는 법을 제정해서는 안 된다"고 하면서 "교회와 국가를 분리하는 담장을 두어야 한다"고 하였다. 이처럼 정교분리는 국가의 의무로 출발했지만, 오늘날에는 종교단체의 의무이기도 하다는 것이 통설이다. 종교단체가 본연의 임무와 무관한 정치활동, 예를 들면 직접 정당을 결성한다든지 선거에 개입하는 것은 금지된다.

그러나 정치와 종교는 겹치는 부분이 많다. 정치의 목표는 좋은 사회를 만드는 것이고, 종교 역시 가난하고 핍박받는 사람을 적극 배려해야 한다고 가르친다. 또 과거에는 종교에 많이 의존했던 구빈 또는 복지 업무를 정부가 떠맡아가고 있는 추세이기도 하다. 그래서 목표와 기능에서 중복이 없을 수 없다.

종교가 특정 정책에 대해 어느 정도까지 찬반 활동을 할 수 있는지 선을 긋기는 어려운 문제이지만, 적어도 종교가 지향하는 근본 가치에 역행하는 정책이나 정권에 대해서는 비판하고 반대하는 것이 당연하다. 나치 세력처럼 특정 부류의 인간을 말살하는 정치집단이 있다고 할 때 정교분리를 이유로 침묵한다면 이건 종교의 자기 부정과 다르지 않다.

맥글린 신부의 파문, 그리고 레오 13세

사회문제를 둘러싸고 벌어진 교단 내 갈등의 예로 100여 년 전 사례를 하나 소개한다. 미국의 사회개혁가 헨리 조지가 1879년 발간한 『진보와 빈곤』은 엄청난 반향을 일으켰다. 헨리 조지는 이 책에서, 토지 이익을 소수가 차지하도록 허용하는 토지사유제 때문에 극심한 빈곤이 발생한다고 진단하고 이를 해결하려면 토지불로소득을 환수해야 한다고 하였다.

뉴욕의 사제였던 맥글린 신부도 이를 적극 지지하면서 빈민 구제 및 토지개혁 운동을 헨리 조지와 함께 펼쳤다. 그러나 당시 교단 내 보수파 실력자 코리건 대주교는 맥글린 신부에게 자제하라는 명령을 내렸고, 맥글린 신부는 명령에 불복하여 결국 파문되기에 이른다. 오늘 우리 가톨릭의 모습과 비슷하다.

그 직후 교황 레오 13세는 1891년에 회칙 「새로운 사태」Rerum Novarum (일명 「노동 헌장」)를 반포하였다. 회칙은 노동자를 빈곤의 늪에 몰아넣는 현실 자본주의의 잘못을 지적하는 동시에 사회주의 운동 역시 정답이 아니라고 비판하면서 교회적 해법을 제시한다. 회칙은 비참했던 노동자의 상태에 대해 가톨릭 교회의 공식 입장을 밝힘으로써 좁은 의미의 종교문제를 넘는 사회문제에 본격적인 발언을 시작한 기념비적 문건이다.

종교가 현세의 불의를 외면해서는 안 된다

회칙에서는 사회문제에 대한 종교의 사명을 이렇게 표현하고 있다. "교회의 모든 배려가 지상의 현세적 삶에 속하는 것을 무시하면서까지 오로지 영혼의 구원에만 전적으로 쏠려 있다고 믿어서는 안 된다." 그런데 회칙에는 토지불로소득을 정당화하는 것으로 해석될 수 있는 내용이 있어 헨리 조지는 이 부분의 오류를 지적하는 『공개서한』을 발표한다. 그 몇 달 후 교황청은 재심을 거쳐 맥글린 신부를 복권시킨다.

　필자는 (종교가 없으면서도) 종교의 임무에 대한 헨리 조지의 견해에 공감한다. 독자와 나누고 싶어 인용해본다.

> 인간이 모든 생활에서 ─교회에서만이 아니라 직장에서, 시장에서, 토론장에서, 의회에서─ 지켜야 할 분명하고 확실한 정의의 규칙을 제시하지 않는다면 (…) 종교의 임무는 무엇이란 말입니까? (…) 내세에 대해서 무슨 약속을 하건 간에 현세의 불의를 방지하기 위해 아무것도 할 수 없다면 종교가 무슨 소용이 있습니까?
>
> ─헨리 조지, 『공개서한』

빈곤에서 생기는 고통과 야만성을 하나님의 불가사의한 섭리로 돌리거나, 두 손을 모으고 만물의 아버지 앞에 가서 대도시의 궁핍과 범죄의 책임을 회피한다면 형식상으로는 기도일지 모르나 실제로는 신성모독이다. 영원하신 존재를 폄하하는 행위이다.

—헨리 조지, 『진보와 빈곤』

『평화뉴스』 2011. 1. 16.

초과이익 공유보다 특권 철폐를

'초과이익공유제'는 대기업이 이익을 많이 남길 경우에 초과이익을 중소 협력업체와 나누는 제도라고 한다. 동반성장위원회 정운찬 위원장이 운을 떼자 대기업은 말할 것도 없고 정부 내에서까지 시장경제에 맞지 않는 제도라는 반응을 보였다. 입장에 따라 시장경제를 보는 시각이 다른 모양이다.

이기심이 나쁜 것만은 아니지만……

시장경제는 이기심을 전제로 한다고들 한다. 이기심은, 어감이 좋지 않지만 꼭 나쁘다고 할 수는 없다. 이기심은 자조自助 정신의 한 축이고, 이기적인 생존 욕구가 없다면 조물주는 무척 바쁠 것이다. 제 삶을 스스로 챙기지 않는 피조 생물을 일일이 보살펴주어야 하기 때문이다. 더구나 아담 스미스는 이기적인 동기에서 나온 경제행위가 남에게도 이익이 될 수 있다고 지적하였다.

그러나 구성원이 이기심에 매몰되면 집단의 이익을 해친다. 환경오염과 같은 문제를 생각하면 쉽게 이해가 된다. 타자와 집단에 협력하는 개체를 많이 보유하는 종이 생존에 더 유리하다는 증거도 많다. 개체로서는 약하디 약한 개미가 종으로서는 번성하는 것이 좋은 예이다.

게다가, 이기적 행위는 개체를 위해서도 최선이 아닌 경우가 많다. 우선, '이기적'이라는 사회적 딱지가 붙어버리면 세상 살기가 힘들어진다는 것은 상식이다. 또 평판과 무관한 경우에도 불리할 수 있다는 견해도 많다. 유명한 예로, 액셀로드Robert Axelrod의 『협력의 진화』*The Evolution of Cooperation*를 들 수 있다. 이 책의 결론은 이렇다. 경쟁사회에서 이기와 협력 중 하나를 선택해야 할 경우에 나중에 다시 만날 기회가 없는 상대에 대해서는 이기적으로 대하는 게 유리할 수 있다. 그러나 계속해서 관계를 맺는 상대라면 처음에는 일단 협력한 다음, 협력적인 상대방에게는 협력을, 이기적인 상대방에게는 보복을 하는 것이 가장 유리하다.

시장경제의 핵심은 자유로운 선택

이처럼 집단을 위해서나 자신을 위해서나 이기심을 자제하는 것이 더 나은 경우가 적지 않다. 그렇다면 이기심을 긍정하는 시장경제를 버리는 것이 좋을까? 아직 그렇게 단정하고 싶지는 않다.

시장은 이기적 본성에 의해 자연스럽게 형성되는 질서이다. 인류의 수준이 지금보다 훨씬 높아지지 않는 한 시장은 부정한다고 해서 사라지는 제도가 아니라는 것이다. 시장을 배제하려고 애를 썼던 공산권이 결국 손을 들고 만 것이 하나의 증거다. 그렇다면 시장을 무시하거나 없애려고 할 것이 아니라 잘 다듬어서 활용하는 수밖에 없지 않나?

어떻게 다듬을 것인가? 시장경제를 이기적 행위가 아니라 자유로운 선택을 존중하는 제도로 보면 된다. 이건 필자 혼자만의 생각이 아니다. 시장 이데올로기의 대중화에 크게 기여한 프리드먼Milton Friedman의 유명한 책 제목이 『자유로운 선택』*Free to Choose*이었고, 어떤 시장주의자도 자유로운 선택이 시장경제의 핵심이라는 점을 부인하지 않을 것이다.

제도화된 특권부터 시정해야

강자가 약자에게 "맞고 줄래, 그냥 줄래? 둘 중 하나를 선택하라"고 하는 것은 자유로운 선택과 거리가 멀다. 목구멍에 거미줄 칠 수 없어 저임금을 감수하는 것도 자유로운 선택이 아니다. 자유로운 선택이 가능하려면 대등한 지위와 기본적인 생존이 보장되어야 한다. 제대로 된 시장경제가 성립하려면 적어도 제도에 의한 특권과 차별이 없어야 하고 사회보장이 마련되어 있어야 한다.

과거에는 신분제도가 특권과 차별의 대표적 사례였지만 오늘날에는 (적어도 겉으로는) 거의 사라졌다. 그러나 '시장경제'를 구실 삼아 새로운 형태의 특권과 차별이 제도화하고 있다. 자유방임을 구실로 경제적 강자의 횡포를 방치 내지 방조하며, 재산권을 보호해야 한다면서 인류 공동의 유산인 토지·자원·환경의 사유화를 당연하게 여긴다.

초과이익공유제는 이런 정글에서 빚어지는 분배의 왜곡을 사후에 교정하는 한 수단으로서 의미가 없지 않다. 그러나 치료보다 예방이 더 중요하듯이 초과이익 공유보다 특권 철폐가 더 중요하다. 컴퓨터 바이러스 백신으로 유명한 안철수 KAIST 석좌교수는 "초과이익공유제는 결과에 집중하는 것인데, 결과도 논할 가치가 있지만 순서상으로는 (대기업의) 불법적 부분부터 일벌백계를 가하는 것이 필요하다"고 논평했다고 한다. 표현은 다르지만 필자의 생각과 통한다.

진보와 보수를 아우르는 상상력을

그럼, 자유로운 선택에 필요한 또 하나의 조건인 사회보장은? 흔히들 사회보장과 시장경제는 양립할 수 없다고 생각하지만, 그렇지 않다. 특권이익을 환수하여 시장원리에 맞는 사회보장을 설계할 수 있다. 고정관념과 이해관계에서 벗어나 조금만 상상력을 발휘하면, 공존할 수 없는 것처럼 보이는 시장과 복지, 진보와 보수, 좌파와 우파가 서로 손을 잡을 수 있다. 그러나 아직은 갈 길이 멀어 보인다.

『평화뉴스』 2011. 4. 24.

율도국에서 보는 '일자리 창출'

돈을 벌기 위해 일한다?

안녕하십니까? 저는 활빈당 홍길동 할아버지가 세우신 율도국의 국민입니다. 조선, 아니 한국은 율도국의 뿌리이기 때문에 제가 특별히 관심을 두는 나라입니다. 한국에서는 복지 논쟁과 더불어 일자리 창출이 중요한 화두로 등장하고 있다지요? 그런데 '일은 곧 돈벌이'라는 전제가 깔려 있다는 게 저희 율도국 사람의 눈에는 이상하게 보입니다.

율도국에서는 돈벌이를 하지 않더라도 먹고살 만큼의 소득이 생깁니다. 율도국민 모두의 것인 국토와 자연의 가치를 인구수로 나눈 금액이 각자의 소득으로 보장되어 있기 때문입니다. 그래서 율도국에는 남에게 기대는 복지가 없습니다. 이런 제도에 대해서는 지난 기회에 이미 말씀드렸기 때문에 자세히 다루지 않겠습니다.

율도국 사정을 모르시는 독자는 얼른 이해하지 못할 수도 있습니다. 최근 박재완 기획재정부 장관이 "복지 포퓰리즘에 맞서 죽을 각오로 싸우겠다"고 했는데 복지는 으레 남에게 기대서 사는 것이라고 생각하기 때문입니다. 복지 확대론자들 역시 동일한 프레임에 갇혀 있습니다. 복지를 위해서는 세원이 무엇이든 증세가 불가피하다고 여깁니다. 그러나 그보다는 '자기 돈 찾아주기' 정책을 먼저 하고 혹 그것으로 모자랄 경우에 한하여 증세를 고려하는 것이 순서입니다.

경제에 집착하지 않아도 되는 시대

돈벌이를 하지 않아도 살 수 있다면 경제는 어떻게 되느냐고 걱정하는 분도 적지 않을 것입니다. 그러나 돈을 더 벌고 싶은 사람이 많을 테니까 이건 문제가 안 됩니다. 또 지금도 직업 중에 경제와 무관한 직업이 많습니다. 성직자, 예술가는 경제와 무관한 또는 무관해야 하는 직업입니다. 공직자, 시민활동가, 교육자, 운동선수, 연예인도 생활필수품을 생산하지 않는다는 점에서는 다를 게 없습니다.

게다가 경제발전이 어느 단계에 이르면 고용 없는 성장이라는 현상이 나타납니다. 율도국이 그랬고 서구 선진국도 그렇고 한국에서도 역시 같은 현상이 나타나고 있습니다. 한국에는 이걸 걱정하는 사람이 많지만 율도국에서는 오히려 경제에 여유가 생겼다는 증거라고 해석합니다. 이런 단계가 되었는데도 모든 국민이 돈벌이에 매달려야 한다면 그게 문제입니다.

돈벌이를 하지 않아도 된다면 게으름을 피우는 사람이 많아지지 않겠느냐고 걱정할 수도 있습니다. 그렇지만 뭔가를 하지 않으면 심심해서라도 못 사는 게 사람입니다. 어린아이는 돈벌이와 무관하게 몸과 마음이 성장하려고 '일'을 합니다. 학생 때는 (미래에 대한 부모의 협박이 없더라도) 학업, 인간관계 형성 등 '일'을 합니다. 이윤을 추구하는 기업을 위해서도 돈이라는 채찍과 당근보다는 사원의 소속감, 성취감이 더 중요하다는 게 정설입니다.

인생의 목적은 돈이 아니라 보람

한국인도 인생의 목적은 돈이 아니라 보람이라는 데 다들 동의할 것입니다. 그렇다면 인생의 중요한 일부인 일도 돈보다는 보람을 위해 하는 세상을 만들어야 합니다. 그러려면 각 국민에게 자기 몫을 돌려주어 자기 돈으로 자기 삶을 보장하는 제도를 도입해야 합니다.

율도국에서는 정부가 공공근로나 사회적 일자리라는 이름으로 억지 돈벌이를 시키거나 '사회적 기업 육성법'을 만들어 국민의 세금을 쓸 이유가 없습니다. 경제를 구실로 온갖 고귀한 가치를 희생시키지도 않습니다. 정부는 국민이 보람된 일거리를 찾도록 도울 뿐입니다.

율도국의 사회제도가 유일한 정답이라고는 하지 않겠습니다. 그러나 어느 나라든 원칙에 충실하기만 하면 율도국과 거의 같은 결론에 이를 것으로 생각합니다. 저희가 자녀들에게 한국을 자랑할 수 있게 해주세요.
우리는 뿌리가 같잖아요.

『평화뉴스』 2011 .6. 12.

전세대란과 집값의 비밀

집세가 계속 오르고 있습니다. 부산이 가장 심하고 서울, 대전도 만만치 않습니다. 아직 대구는 심하지 않지만 조금씩 이런 추세를 따라가고 있습니다.

준공 후에도 분양되지 않은 빈 아파트가 즐비한데 집세가 왜 오릅니까? 교과서만 들여다보는 전문 경제학자는 이걸 이상하게 생각합니다. 그러나 경제학과 무관한 일반인의 눈에는 이상할 게 없습니다. 이 글의 제목을 '집값의 비밀'이라고 붙이는 게 좋을지 의문스러울 정도입니다. 다들 아는 내용이 무슨 비밀입니까? 그렇더라도 일단 정리를 해보겠습니다. 언론에 보면 다른 소리가 많기 때문입니다.

왜 다른 소리가 많을까요? 사회문제 그 중에서도 경제문제는 돈과,

나아가서는 권력과 밀접하게 연결되어 있어 그렇습니다. 이해관계에 매이면 사물이 제대로 보이지 않을 뿐 아니라 보이는 것마저도 왜곡해서 표현하는 수가 많습니다. 우리에게 익숙한 '세금 폭탄'이라는 폭력적인 언어가 대표적인 예입니다.

부동산 문제의 핵심은 투기

부동산 경기가 좋을 때의 모습부터 생각해보겠습니다. 호황기에는 집값이 오르고 그게 투기적 가수요를 유발하여 집값이 더 오릅니다. 말이 좋아 호황이지 실은 투기가 무성한 단계입니다. 아파트 모델하우스가 미어터집니다. 집값이 웬만큼 올라도 사람들은 눈 하나 꿈쩍하지 않고 "사자! 사자!"를 외칩니다.

건설업자들은 신났습니다. 자꾸 짓습니다. 금융기관에서도 PF(프로젝트 파이낸싱)라는 이상한 이름을 붙여 돈을 잘 빌려줍니다. 문제는 땅을 구하기 어렵다는 점입니다. 이런 약점을 아니까 땅 주인은 건설업자와 줄다리기를 합니다. 건설업자는, 분양만 시작하면 돈이 들어오니까 웬만한 알박기는 관대하게 넘어갑니다. 건설원가가 오르고 분양가격도 올라갑니다. 모두 만족입니다(물론, 집도 돈도 없는 사람만 빼고).

이런 시기에는 다들 집을 사고 싶어하니까 전세 수요는 줄어들고, 가외 아파트를 분양 받은 가구가 아파트를 전세로 내놓으니까 전세 공급은 늘어납니다. 전세값이 내릴 수밖에 없습니다. 물론 전세값/매매값 비율도 내려갑니다.

그런데 투기세가 꺾이면 어떻게 될까요? 최근 우리나라 모습 그대로입니다. 집을 사기보다는 전세를 얻으려고 하니까 전세 수요가 늘어납니다. 가외 아파트를 분양 받는 사람이 없어지니까 전세 공급은 줄어듭니다. 전세값이 오를 수밖에 없습니다. 물론 전세값/매매값 비율도 올라갑니다. 이게 소위 '전세대란'입니다.

그런데 언론에서나 엄숙한 분들이 뭐라고 합니까? 임대주택 공급을 늘리라고 합니다. (빈집이 지천인데 집을 또 늘려?) 호황기에는 집값 상승을 막기 위해 집을 더 지으라고 하더니, 불황기가 되어도 전세값 상승을 막기 위해 집을 더 지으라고요? 공급 측면도 물론 고려해야 하지만 이건 "너무합니다, 너무합니다. 당신은 너무~합니다."

독자께서는, 집이 많은데도 전세대란이 발생하는 이유를 아셨으니까 정답도 이미 아셨겠지요? 그렇습니다. 투기가 생기지 않도록 하는 겁니다. 투기는 불로소득 때문에 발생하므로 근본적으로 부동산 불로소득을 없애면 됩니다. (부동산투기가 사라지면 고위공직 후보가 투기 의혹에 시달리는 일도 없겠네.) 일반인에게는 너무 쉬운 답인데 정작 중요한 역할을 해야 할 정政·언言·학學은 딴소리를 합니다.

대란 막는 백신은 토지보유세

부동산 불로소득을 없애는 최선의 방법은 보유세를 강화하는 겁니다. 양도소득세를 무겁게 매겨야 한다고들 생각하기 쉽지만, 부작용이 만만치 않습니다. 집을 판 사람이 양도소득세를 내고 나면 같은 품질의 집을 매입할 수 없습니다. 그래서 부득이 1가구 1주택에 대해서는 면세합니다. 이런 빈틈을 노리고 필요 이상으로 넓고 비싼 집을 사두려는 사람이 많이 생깁니다. 즉 주택 과잉수요가 발생하고 따라서 과잉공급으로 이어집니다. 또 "양도소득세 무서워/더러워 안 판다"고 버티는 사람도 더러 보셨지요? 거래를 묶는 소위 '동결효과'까지 생긴다는 겁니다.

그럼, 이제 좀 머리 아픈 이야기를 해보겠습니다. (머리 아픈 게 싫은 분은 이제 그만 읽으셔도 됩니다.) 주택을 매입하여 전세를 놓는 경우에 소유자가 얻을 수 있는 불로소득은 다음과 같습니다. (실은 전세를 놓지 않고 자신이 살더라도 마찬가지입니다.)

불로소득 = (매각가격 − 매입가격)

+ (전세금에 대한 이자 − 매입가격에 대한 이자)

부동산은 토지와 건물로 구성되는데 건물에서는 불로소득이 생기지 않습니다. 건물은 시간이 흐를수록 낡고 가치가 하락하기 때문입니다. 불로소득이 토지에서만 생긴다면 위의 불로소득 공식은 아래와 같이 고쳐 쓸 수 있습니다.

불로소득 = (매각지가 − 개입지가)

+ (지대 − 매입지가에 대한 이자)

= 매매차액 + 지대이자차액

즉, 부동산 불로소득을 없애려면 토지의 매매차액과 지대이자차액을 징수하면 됩니다. 그런데, 매매차액은 놔두고 지대이자차액만 징수해도 결과는 같습니다. 그 이유에 대해서는 설명하지 않겠습니다. 머리가 더 아프실까 걱정이 되어서요.

끝까지 다 읽으신 독자가 계십니까? 만세! 그리고 감사합니다.

『함께 꾸는 꿈』(대구참여연대) 2011년 2-3월호(제89호)

5부 좋은 세상을 꿈꾸며

지역 정치, 싹쓸이만은 면합시다

안철수-박원순이 일으킨 연쇄반응이 대한민국의 정치지형도를 단숨에 바꾸어 놓았습니다. 정당정치 자체를 뒤흔드는 새로운 바람이 거세게 일고 있고 있습니다. 폭발적인 여론이 이들에 대한 정당한 평가인지 그리고 현 단계에서 정당정치보다 나은 대안이 있는지에 대해서는 여러 의견이 있을 것입니다. 하지만 적어도 정치를 혐오하는 것처럼 보이던 국민이 실은 좋은 정치를 간절히 바라고 있음을 보여주는 증거라는 점에서 매우 긍정적입니다.

싹쓸이 때문에 대한민국의 왕따로 전락

그러나 대구경북의 정치 환경은 어둡습니다. 우리 지역에서는 오랫동안 특정 정당이 정치 판도를 싹쓸이해왔습니다. 그 정당이 잘해서가 아니라 지역 정서의 반사이익으로 그렇게 되었습니다. '소선거구제'하에서 정책과 능력에 따라 투표하는 소수의 목소리는 묻혀왔고 진정한 의미의 정치가 실종되었습니다.

선거 싹쓸이 때문에 우리 지역은 대한민국의 왕따가 된 지 오래입니다. "호남이 싹쓸이를 하니까 우리도 그랬다"고 하는 변명은 일반 국민에게 통하지 않습니다. 호남은 그래도 5·18이라는 변명거리라도 있지만, 우리가 무슨 변명이라도 하면 '박정희 이래의 지역패권주의'라는 차가운 반응이 돌아올 뿐입니다. 국채보상운동과 2·28 등 당당하던 지역의 이미지가 혼자서만 잘난 골목대장으로 강등되고 말았습니다. 부끄럽기도 하고 한편 억울하기도 합니다.

싹쓸이는 지역발전에도 해로워

정치를 떠나서 지역발전을 생각하더라도 싹쓸이는 해롭습니다. 짝사랑이 상대를 감동시킬지 냉대를 불러올지 우리는 잘 압니다. 밀양공항 사례에서도 보듯이 일편단심 특정 정당을 밀어주니까 오히려 홀대를 받고 있습니다. 최근 예전과 다른 분위기가 지역에서 감지되자 특정 정당의 태도가 달라지는 걸 우리는 보고 있습니다. 소신과 지향이 다른 정치세력이 적절히 섞여서 경쟁해야 남들이 우리를 무시하지 못합니다.

우리 지역의 야권도 이런 사실을 잘 알면서도 유권자에게 대안으로

다가서지 못하고 있습니다. 그래서 뜻있는 시민 중에도 어쩔 수 없이 특정 정당에 투표한다는 분이 적지 않습니다. 대등한 대안이 있어야 유권자가 의미 있는 선택을 할 수 있습니다. 야권의 무기력이 분파적 조직이기주의 때문이라면 시민이 압박하고, 힘이 부족해서라면 격려해서, 이 지역의 건강한 대안이 될 수 있도록 도와주어야 합니다.

우리 지역에도 희망이 보입니다

그런데 다행히도 야권 연대를 위한 움직임이 있습니다. 『평화뉴스』 주최로 9월 22일 '2012년 총선, 대구의 변화와 진보개혁의 대응'을 주제로 야권 연대와 후보 단일화에 대해 토론했습니다. 구체적인 방법론에 차이가 있기는 했지만 야권 연대의 필요성에 대해서는 각 당 관계자와 시민사회 대표가 모두 한마음이었습니다.

또 시민사회에서도 지역 정치구도의 균형을 잡고 야권 연대를 촉구하기 위한 운동을 준비하고 있다고 합니다. 필요하다고 생각하면서도 나서지 못했던 일에 뜻있는 분들이 앞장서고 있습니다. 넉넉지 않은 돈과 시간과 체력을 바쳐 대의를 위해 애쓰고 있습니다. 전에도 이런 시도가 있기는 했겠지만 이번에는 각오가 다르고 규모도 다른 것으로 보입니다. 반가운 일이 아닐 수 없습니다.

삶이 팍팍할수록 정치가 잘되어야 합니다.

『평화뉴스』 2011. 9. 25.

부록

우파가 보아도 토지사유제는 옳지 않다

토지제도는 모든 사회제도의 기초

세상에 존재하는 물자는 자연물 아니면 인공물이다. 둘 중 어느 것이 더 중요할까? 인공물이 없으면 불편할 뿐이지만 자연물이 없으면 생존이 불가능하므로 당연히 자연물이 더 중요하다. 자연물 중에서도 모든 존재의 터전인 토지는 우리 생활과 가장 밀접하다. 그러므로 토지의 소유·분배·사용을 정하는 제도는 모든 사회제도의 기초가 된다.

토지의 사회경제적 비중도 개우 크다. 국가자산 중 토지자산이 차지하는 비중이 2009년에 46.9%였다. 국가자산이란 비금융자산과 내구소비재의 가치 총액인데 그 중에서 거의 반 정도를 토지자산이 차지한다는 뜻이다. 개인자산 중 주택을 포함한 부동산의 비중은 무려 80% 정도가 된다. 이렇게 비중이 큰데도 토지소유 분포는 매우 불평등하다. 분포의 불평등도는 흔히 지니계수로 표시하며 완전한 평등일 때 0, 완전한 불평등일 때는 1이 된다. 우리나라 시장소득의 지니계수는 0.3을 약간 상회하는 반면 토지소유의 지니계수는 무려 0.7 내지 0.8에 달한다. 토지소유 면적을 기준으로 토지소유자 중 상위 10% 세대가 전체의 76% 이상을 소유한다는 2006년 정부 통계도 있다. 지역별로도 양극화되어 수도권 주민이 전국의 토지를 많이 소유하고 있다.

한편, 토지는 과거의 이야기이고 요즘은 집이 중요하다고 보는 사람도 있다. 사람들의 관심이 농지나 임야보다 아파트에 쏠려 있기 때문에 이런 착시가 생기는 것 같다. 집은 토지와 건물로 구성되어 있는데, 건물은 시간이 지나면서 낡고 가치가 떨어지기 마련이며 주거용 또는 임대용으로 활용할 수는 있지만 큰돈은 안 된다. 투자 목적으로 다주택을 소유하는 사람에게 대지와 건물 중 한쪽만을 소유하라고 한다면? 물론 대지 소유를 원한다.

모든 사회제도의 기초인 토지제도를 잘못 정하면 다른 제도는 사상누각이 된다. 토지의 사회경제적 비중이 큰 만큼 토지제도가 왜곡되면 그 파괴력도 크다. 그런데 중요한 제도일수록 기득권층에 유리하게 설정되어 있기 마련이어서 제도개혁이 정책 의제로 부각되기 어렵다. 기존 제도로 불이익을 받아온 사람들마저 문제제기를 잘 하지 않는다. 오랜 세월 기존 제도에 적응하며 살아왔기 때문이기도 하고 삶의 여유가 없기 때문이기도 하다.

우파가 보더라도 토지사유제는 옳지 않다

자본주의 사회에 보편화되어 있는 토지사유제는 자연물인 토지를 인공물과 구분하지 않고 같은 성격의 사유재산으로 취급한다. 그래도 될까? 우리나라에서는 토지사유제에 이의를 제기하면 대뜸 좌파라고 몰아붙이는 사람도 더러 있지만, 결론부터 밝히자면 지금과 같은 토지사유제는 우파의 시각으로 보더라도 옳지 않다. 이제부터 이를 증명해보기로 한다. 일단 출발점으로서 모든 국민은 평등한 자유를 누릴 권리가 있다고 전제한다. 평등한 자유란 결과의 균등이 아니라 기회의 균등을 의미하므로 분명히 우파의 가치다.

평등한 자유를 전제로 하면서 토지사유제의 이론적 근거를 제시한 사람으로 로크John Locke가 자주 인용된다. 그는 "적어도 대등한 품질, 충분한 양의 무소유 토지가 남아 있는 경우에는" 토지에 인공을 가한 자가 토지를 소유할 수 있다고 하였다. 여기서 인용 부분이 유명한 '로크의 단서'Lockean proviso다. 이런 단서가 충족되면 한 사람이 토지를 소유해도 다른 사람의 토지 취득을 가로막지 않으므로 평등한 자유가 보장된다는 것이다. 그러나 농경시대에도 인구에 비해 양질의 토지가 충분히 존재하는 경우는 많지 않았다. 더구나 토지의 물리적 특징보다 사회·경제적 입지가 중요한 오늘날 로크의 단서를 적용하면 토지의 소유는 불가능하다. 평등한 자유를 침해하지 않는 가운데 토지사유제를 정당화하려면 로크의 단서를 다음과 같이 수정·보완할 수밖에 없다.

첫째, 모든 국민의 토지소유 기회가 균등해야 한다. 너무 당연하여서 설명이 필요없다.

둘째, 토지를 소유할 경우에 누릴 특권이익을 환수하여야 한다. 양질의 토지가 무한히 존재하지 않는 한 누군가 토지를 차지하면 다른 사람이 토지를 취득할 기회는 줄어든다. 그러므로 토지를 소유하는 사람에게는 특권이 돌아가고 나머지 사람들은 차별을 당하는 결과가 된다. 이런 불평등을 완화하기 위해 짧은 주기로 토지를 새로 분배하는 방법도 생각할 수 있지만, 건물이나 과수와 같이 단기간에 토지에서 분리하기 어려운 결과가 있다면 이 방법은 곤란하다. 그보다는 소유자의 특권이익을 환수하여 기회가 줄어든 나머지 사람들에게 보상하거나 모든 국민을 위해 사용하는 방법이 더 낫다.

이 조건에 대해서는 오해가 많고 특히 우파 시장주의자의 반대가 심하다. 그러나 최근 이동통신용 주파수에 대한 10년 사용권을 경매한 사례를 생각해 보라. SK텔레콤이 KT와 경쟁하다가 9950억 원에 1.8GHz 대역을 차지했다. 주파수 대역을 독차지하는 대가를 정부가 징수하는 걸 아무도 이상하게 생각하지 않는다. 우파 시장주의자들도 물론 환영한다. 그 이유는 주파수 대역은 누가 생산한 것이 아니며 이를 독차지하는 건 특권이라고 보기 때문이다. 그런데도 자연물이라는 점에서 주파수 대역과 다르지 않은 토지에 대해서는 같은 논리를 적용하지 않는 것은 이해하기 어렵다.

셋째, 토지소유권의 행사는 토지사유제를 두는 취지에 의해 제약된다. 토지소유권은 '생산자가 생산물을 소유한다'는 자연법에 의해 당연히 발생하는 절대적 권리가 아니라 특정한 필요에 의해 사회의 합의로 설정되는 상대적 권리이기 때문이다.

지금의 토지사유제는 이런 조건을 무시한다. 특히 특권이익 환수라는 조건을 무시한다. 양도소득세나 재산세 등으로 일부 환수하기는 하지만 100%에는 훨씬 못 미친다. 그러므로 합리적인 우파가 지금과 같은 토지사유제를 지지한다면 자가당착이다.

토지불로소득을 완전히 환수해야

그렇다면 어떻게 해야 하나? 토지사유제를 포기하는 방법도 있고 문제되는 부분만 치유하는 방법도 있다. 어느 쪽을 택하든 토지에 대한 사적 우선권을 설정하는 한 위의 세 조건을 충족시켜야 한다. 세 조건 중 오늘날 가장 심각하게 무시되고 있는 조건이 '특권이익 환수' 조건이다.

토지소유자가 아무런 생산적 노력을 하지 않더라도 발생하는 특권이익이 소유자에게 귀속된다면 불로소득이 된다. 토지불로소득의 폐해에 대해서는 우리가 지난 반세기 동안 너무나 잘 보아왔다. 땅 가진 사람은 노력도 하지 않고 땅땅거리며 산다. 그래서 고위공직자 청문회 때마다 후보들의 부동산투기 전력이 드러나 국민의 분노를 자아내고 있다. 토건족에 포획된 정부는 국민의 세금을 낭비적 공사에 쏟아 붓는다. 불로소득을 노리는 개발·재개발이 서민의 삶터를 파괴한다. 땅 없고 집 없는 사람은 평생 벌어도 자기 집을 마련하지 못하고 월세로, 전세로 불안하게 산다. 치솟는 집값 때문에 노동자는 생산성을 넘는 임금 인상을 요구하게 된다. 사회의 자금과 에너지가 토지투기에 쏠리면서 경제에 큰 짐을 지운다.

그 정도가 심하면 2008년 이후의 미국발 경제위기에서처럼 경제 전체를 파탄으로 몰아넣는다. 토지 국유를 견지하는 중국에서조차 특권이익을 제대로 환수하지 않기 때문에 투기와 빈부격차 등 커다란 부작용을 겪고 있다.

특권이익의 크기는 미개량 토지의 임대가치 즉 지대와 같다. 따라서 불로소득의 폐해를 막으려면 지대를 징수하면 된다. 지대의 (거의) 100%를 징수하는 세금을 '지대세'라고 부른다. 대부분의 세금은 경제에 짐이 되지만 지대세와 같은 토지보유세는 그렇지 않다는 것은 모든 교과서가 인정하는 진리다. 따라서 지대세 수입이 늘어나는 만큼 다른 세금을 깎아 주면 일석이조의 효과가 난다. 지대세로 인해 토지불로소득이 빚어내는 폐해가 예방되고 나쁜 세금이 줄어 경제가 피어난다. 지대세를 최우선적인 정부 수입으로 삼는 세제를 '지대조세제' land value taxation 라고 하는데 현재의 세제와 비교하면 아래 그림과 같다.

지대조세제를 나타낸 그림은 지대세만으로 정부 세수를 모두 충당할

[그림] 세제의 비교

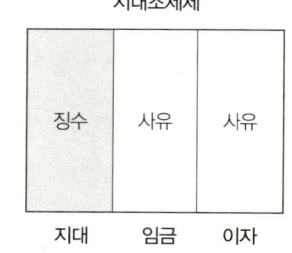

경우를 나타내는 것으로, 그렇지 못한 경우에는 임금과 이자에도 추가로 과세하게 된다. 추가 세액은 물론 지금보다 매우 적은 금액이 된다. 지대조세제는 19세기 미국의 토지사상가 헨리 조지가 『진보와 빈곤』에서 제시한 제도인데, 당시 미국에서는 지대세만 징수해도 정부 재정을 충족시킬 수 있다고 하여 지대세를 토지단일세single tax라고 부르기도 했다. 그러나 오늘날 단일세를 고집하는 조지스트는 거의 없으며, 대부분 다른 조세에 우선하여 징수하는 우선세라고 인식한다.

자본주의에 어긋난다는 오해

혹 지대조세제가 자본주의에 위배된다고 오해하는 사람도 있겠지만, 지대조세제는 오히려 진정한 자본주의에 더 충실한 제도이다. 이미 지대 환수는 우파의 가치인 평등한 자유에서 도출되는 필연적 결론임을 입증했으나, 자본주의의 핵심요소인 사유재산제와 시장경제에 비추어 다시 평가해보자.

첫째, 지대조세제는 사유재산제에 충실한 제도다. 사유재산제는 개인의 노력과 기여의 대가를 노력한 자가 소유할 수 있도록 보장하는 제도다. 사유재산제에 충실한 세제라면 불로소득부터 우선 징수하고 그것만으로는 정부 수입이 부족할 경우에 한하여 노력과 기여의 결과에 과세하여야 한다. 더구나 여러 형태의 불로소득 중에서 토지불로소득은 사회적 기여가 전혀 없고 오로지 폐해만 낳는 가장 악성의 불로소득이므로 최우선적인 환수 대상이 되어야 한다.

이렇게 본다면 현행 세제가 오히려 사유재산제에 어긋난다. 소득세는 노력과 기여에 의해 발생한 소득인지 그와 무관한 불로소득인지를 따지지 않고 모두 과세 대상으로 삼는다. 부가가치세도 생산적 노력에 의해 증가한 가치를 걷는 세금이다. 반면 지대조세제는 소유자의 노력과 무관하게 발생하는 토지가치에 우선적으로 과세하므로 진정한 사유재산제에 충실한 세제다. 다만, 토지사유제 사회에서 갑자기 지대세를 도입하면 지가가 폭락하기 때문에 보상 여부가 쟁점이 될 수는 있겠지만 이 문제는 아래에서 별도로 언급한다.

둘째, 지대조세제는 시장친화적이다. 그 이유는 두 가지로 요약할 수 있다. 하나는 모든 교과서가 인정하듯이 지대세와 같은 토지보유세는 시장작용을 저해하지 않는 효율적인 세금이라는 점이다. 다른 하나는 지대세는 완전경쟁 토지시장에서 이룩될 상황을 현실에서 실현시키는 수단이라는 점이다. 완전경쟁 토지시장에서는 미래에 실현될 지대 소득이 모두 반영된 지가를 매개로 하여 토지가 매매되므로 토지매입자는 매입시에 미래의 모든 특권이익을 지불한다. 따라서 최초의 토지소유자를 제외하고는 특권이익을 얻을 수 없다. 그러나 정보가 매우 불완전한 현실에서는 추후의 토지소유자도 특권이익을 얻는 일이 많고 그 때문에 투기가 일어나고 가수요가 발생한다. 그런데 지대세가 도입되면 토지소유자가 특권이익을 얻을 수 없어 완전경쟁 토지시장에서 이룩될 상태가 현실에 나타난다.

혼란 없이 토지사유제를 개혁하는 방법

이처럼 지대조세제는 사유재산제와 시장경제에 위배되기는커녕 오히려 필수적인 장치이지만, 이미 토지사유제가 정착된 상태에서 지대조세제를 도입할 때는 세심한 배려가 필요하다. 지대세를 징수하면 매매가격인 지가는 이론상 0이 된다. 지가는 미래에 발생할 특권이익의 합인데 지대세로 특권이익이 사라지기 때문이다. 그러므로 갑자기 완전한 지대조세제를 도입하면 지가가 폭락하여 경제에 혼란을 초래한다. 이런 혼란을 피하는 방법에는 두 가지가 있다.

토지보유세의 세율을 낮게 시작해서 조금씩 올려나가는 점진적 방법이 그 하나다. 과도기에 발생하는 부동산투기는 부득이 강력한 양도소득세로 대응해야 한다. '부득이'라는 표현을 첨가하는 이유는 양도소득세를 부과하면 소유자가 매각을 기피하는 부작용, 흔히 '동결효과'라고 부르는 문제가 생기기 때문이다.

한편, 과도기를 거치지 않고 즉시 도입할 수 있는 방법도 있다. 매입지가에 대한 이자를 공제하고 지대를 징수하면 된다. 지대보다 이자가 커서 지대와 이자의 차액이 음수이면 오히려 토지소유자에게 그 차액을 환급한다. 이런 세금을 '지대이자차액세'라고 부른다. 이런 세금이 부과되면 토지소유자에게는 개입지가에 대한 이자가 돌아간다. 따라서 지가는 그 이자에 상응하는 원금 수준에서 결정된다. 그 '원금'을 특정액으로, 예를 들면 제도 실시 시점의 토지소유자가 지불한 매입지가로, 확정해두면 지가는 언제나 그 특정액으로 거의 고정된다. 이렇게 하면 양도소득이 거의 발생하지 않으므로 양도소득세는 없어도 된다. 뿐만 아니라 일시에 도입해도 지가가 폭락하는 일이 없고 토지소유자에게 매입지가와 그 이자가 보장되므로 앞서 지적한 보상 문제도 발생하지 않는다.

앞에서 지가가 '거의' 고정된다고 한 것은 이자율, 납세 빈도와 시점에 따라 금액이 약간 다를 수 있기 때문이다. 납세 시점 직전에는 지가와 특정액이 같아진다. 납세 후에는, 다음 납세 시점까지 발생할 지대와 이자의 차액이 양수이면 지가가 특정액보다 약간 높고 음수이면 약간 낮게 형성된다.

지금까지 우파의 가치인 평등한 자유에 충실한 토지제도를 설계하여 보았다. 그러나 이런 토지제도는 좌파의 지향인 분배와 복지에도 큰 도움이 된다. 토지불로소득이 없으면 부당한 빈부격차가 상당 부분 해소된다. 또 토지가치에 대해서는 모든 국민이 동일한 지분을 가지므로 지대세 수입을 복지 재원으로 활용하면 복지 요구에 대해 우파가 '거지 근성'이라고 비난할 근거가 사라진다. 이처럼 좌파의 지향을 우파의 방법으로——좌도우기左道右器로——달성할 수 있다면 오늘날처럼 좌우가 대립과 증오로 치달을 이유가 없다.

『이코노미인사이트』 2011년 10월호(제18호)

백가쟁명 부동산 대책에 대한 평가

지난 10년은 부동산 대책에 관한 백가쟁명의 시대였다. 각계에서 내놓은 여러 가지 대책에 대한 지은이의 평가를 정리해둔다.

1. 아파트 분양 대책

아파트 분양가를 낮추어야 한다는 주장부터 생각해보자. 여기에는 건설사가 분양가를 부당하게 높여 폭리를 취해 소비자가 손해를 본다는 생각이 깔려 있다. 예를 들어 분양가의 원가연동제가 그런 생각에서 나오는 대책이다. 그러나 분양가를 원가에 연계하여 시세보다 낮게 책정한다면 결국 불로소득은 최초로 분양 받은 자에게 돌아갈 뿐이다. 최초 분양자라고 해서 불로소득을 취할 권리가 있는 것이 아니며 또 불로소득이 있는 한 투기는 막을 수 없다. 그러므로 복지정책적 고려가 필요한 경우가 아니라면 분양가는 시세대로 하되 건설사의 폭리를 막는 방법을 강구해야 한다.

분양원가를 공개해야 한다는 주장도 있다. 원가 공개가 합리적인 부동산 투자를 유도하는 데 다소간 도움이 될 수는 있을 것이다. 그러나 원가를 알더라도 분양가 이상으로 되팔아 불로소득을 챙길 수 있는 상황이라면 투기는 사라지지 않는다.

물론, 투기 문제를 떠나서 소비자는 상품에 관한 정보를 얻을 권리가 있다. 그러나 그렇다고 해서 민간 공급자가 상품원가를 공개할 의무를 갖는 것은 아니다. 또 공개 의무를 과한다고 하더라도 공급자가 공개한 원가의 진실성을 확인하려면 외부의 감시장치가 필요한데, 원가는 영업상의 노하우와 직결되기 때문에 민간 기업에 대한 지나친 간섭이 되기 쉽다. 그러므로 정부나 공사가 사업주체일 때에는 원가를 스스로 공개하도록 하고, 민간 공급자의 경우에는 공신력 있는 제3의 기관(예를 들면 소비자보호원·한국감정원·토지공사·주택공사 등)이 건설원가를 평가하여 공시하는 '원가평가공시제'를 실시하는 것이 좋겠다. 사실 건설원가의 평가는 그리 어려운 작업이 아니다. 단지 공신력이 문제가 될 뿐이다.

아파트를 후분양해야 한다는 말도 있다. 일반 상품은 완제품을 보고 매매가 이루어지므로 아파트도 그렇게 되는 것이 자연스럽다. 또 후분양을 하면 입주도 하지 않고 분양권을 전매하는 투기 행위를 예방할 수 있다. 그러나 투기는 불로소득을 먹고 살기 때문에 불로소득이 있는 한 분양 시기를 조절한다고 해서 투기가 없어지지는 않는다.

아파트 분양권 전매를 일정 기간 금지하자는 주장도 있다. 단기 전매 차익을 노리는 투기를 차단하자는 것이다. 그러나 불법 품목이 아닌 한 재산의 처분은 자유롭게 해주는 것이 원칙이다. 또 장기 보유를 하면 불로소득을 사유화해도 좋다는 논리는 성립되지 않는다. 뿐만 아니라 전매를 금지한다고 해도 전문 투기꾼들이 피해 나갈 편법은 얼마든지 있다.

2. 금융 대책

금융 쪽의 대책으로는 금리인상론이 있다. 자산가치는 미래의 기대수익에 비례하고 현재의 이자율에 반비례한다. 따라서 이자율을 올리면 부동산 매매가격이 하락하거나 상승세가 줄어든다. 그러나 이자율은 경제 전체를 보고 판단할 문제이다. 부동산 문제가 너무나 심각해서 경제 전체가 난파할 위기에 처한다면 당연히 고려해야 하지만, 그렇지 않다면 부동산 가격을 잡으려고 무리하게 이자율을 올리면 경제의 다른 부문에 주름이 지게 된다.

또 담보대출비율LTV(Loan To Value ratio) 즉 부동산을 담보로 하는 금융 대출의 상한 비율을 낮추자는 의견도 있다. 단순히 대출을 억제하자는 의도라면 금리인상론처럼 부적절하지만, 투기 목적으로 부동산을 무리하게 추가 매입하고는 새로 매입한 부동산을 담보로 대출을 받아 해결하려는 의도를 꺾자는 취지라면 일리가 있다. 그러나 투기 이외의 목적으로 대출 받으려는 사람에게까지 피해를 주는 부작용은 감수해야 한다.

총부채상환비율DTI(Debt To Income ratio)을 낮추자는 의견도 있다. 총부채상환비율이란 연간 총소득에서 주택담보대출의 연간 원리금 상환액과 기타 부채의 연간 이자 상환액을 합한 금액이 차지하는 비율을 말한다. 부동산 가격에 비례해 대출을 해주는 것이 아니라 돈을 얼마나 잘 갚을 수 있는지를 따져 대출 한도를 정한다는 뜻이다. 단기적으로 시중의 유동성을 억제하는 효과는 있지만 이 역시 담보대출비율을 조정하는 경우와 같은 부작용을 감수해야 한다.

이처럼 금융 대책은 시중의 과도한 유동성이 부동산투기로 몰릴 경우에 이를 일시적으로 억제하기 위해 사용할 수는 있겠지만 단기 대책일 뿐이고 나름의 부작용을 감수해야 한다.

3. 공급확대론

한편, 부동산 문제를 해결하기 위해서는 주택 공급을 확대해야 한다고 주장하는 사람도 있다. 시장에 나타나는 수요는 실수요이든 가수요이든 다 수요라고 보고 이를 충족시켜야 한다는 것이다. 물론 집을 많이 지으면 결국에는 집값이 내려갈 것이다. 또 투기와 무관하게 양질의 주택은 꾸준히 공급해야 한다. 그러나 실수요에 대한 정밀한 진단 없이 목전의 불을 끄려고 서두르다 보면 과잉공급을 초래할 수 있고, 몇 년 후에는 건설업과 경제의 장기 불황이라는 쓰라린 결과를 낳을 수 있다.

가수요가 없다고 해도 공급 확대는 신중하게 결정해야 한다. 존재량이 일정한 토지의 공급을 확대하려면 다른 토지의 용도를 전환할 수밖에 없기 때문이다. 예를 들어 송파 신도시처럼 아파트를 더 지으려면 녹지를 없애야 한다. 어느 쪽이 나라를 위하는 길인지는, 단순한 경제논리를 넘어 더 넓게 더 멀리 보면서 판단해야 한다. 판교 등의 개발로 일어났던 투기 바람은 공급확대론이 초래한 재앙이었다. 뜨겁게 달아오른 불판에 물 몇 방울 뿌린다고 불판이 식을 리 없다. 오히려 무럭무럭 나는 김을 보고 무관심하던 사람까지 투기에 가세하게 된다. 강남 등 투기 대상이 되는 지역에 재건축 규제를 완화해야 한다는 주장도 공급확대론의 하나이다. 불로소득이 없는 정상적인 시장에서도 나타날 재건축이라면 모르겠으나, 불로소득을 바라고 추진하는 재건축이라면 규제를 완화해서는 안 된다.

4. 반값 아파트

새 천년 들어서 부동산 문제가 서울 강남지역의 아파트 가격 폭등으로 시작되어 다른 지역으로 확산되자 아파트 분양 방식에 관한 새로운 관점이 경쟁적으로 제기되었다. 이런 관점에서 공급하는 아파트를 총체적으로 '반값 아파트'라는 신조어로 부르게 되었다.

1) 공공임대주택

공공임대주택은 택지와 건물을 모두 공영개발하여 임대하는 주택이다. 공공임대주택은 반값 아파트의 하나는 아니지만 다른 유형을 이해하는 데 도움이 되기 때문에 먼저 살펴본다.

공공임대주택의 임대료를 시세대로 책정한다면 불로소득이 발생할 여지가 없어진다. 그러나 부동산 불로소득은 건물이 아니라 토지에서 생기므로 불로소득을 막기 위해서라면 건물까지 임대할 필요가 없다.

공공임대주택은 토지와 건물을 다 같이 공공기관이 개발하여 임대하기 때문에 그로 인한 부작용이 있다. 시공을 공공기관이 아닌 민간업체가 맡는다고 해도 결국 발주처인 공공기관에 납품하므로 시공자는 주택 수요자보다는 발주처에 신경을 쓴다. 입주자는 자기 집이 아니므로 아무래도 건물을 알뜰하게 사용할 유인이 적은데, 입주자의 도덕적 해이를 막으려면 관리 당국이 감시 업무를 추가로 떠맡아야 한다. 공공기관의 권한이 커지면 비능률과 부정부패의 가능성도 있다.

공공임대주택은 주로 주거복지적 차원에서 공급하기 때문에 임대료를 시세보다 싸게 책정한다. 이 경우에는 거주기간 동안 임차인이 불로소득을 얻지만 이는 복지적 관점에서 정책이 의도한 것이므로 문제가 되지 않는다.

2) 토지임대형 주택

토지임대형 주택은 건물만 분양하고 토지는 임대하는 주택이다. 토지는 공공임대주택과 같고 건물은 일반 분양주택과 같다. 토지임대료를 목돈으로 받지 않는다면 주택매입자의 최초 부담금은 건물 가격뿐이므로 주택매입자의 초기 부담금은 대체로 반 정도가 된다. 그러나 차후에 토지임대료를 계속 납부하므로 장기적으로 보아 매입자의 부담이 줄어드는 것은 아니다.

토지임대형 주택은 토지불로소득을 사회에 완전히 환수할 수 있다는 점에서 지공주의에 가장 충실한 방식이다. 또 앞에서 지적한 공공임대주택의 부작용도 없다.

토지임대형 주택에 대해서는 흔히 두 가지 비판이 제기된다. 첫째로, 공급자의 초기비용 부담이 과도하여 실현가능성이 떨어진다고 한다. 토지를 임대하기 때문에 토지비용이 단기간에 회수되지 않는다는 것이다. 그러나 이 문제는 국민연금기금과 같은 공익성 장기 자금을 활용하면 해결할 수 있다. 토지임대업은 장기적으로 안정적인 수입이 보장되는 사업이므로 기금의 안정적 운용에도 도움이 된다. 민간 금융기관도 사업을 장기적인 안목에서 운용한다면 초기비용을 공급할 것이다. 또 매입자의 선택에 따라 보증금과 월세를 혼합하는 방식으로 임대료를 책정하면 보증금으로 초기비용을 상당 부분 회수할 수 있다.

둘째로, 사람들이 선호하지 않을 것이라는 비판도 있다. 다른 유형의 부동산에서는 불로소득이 생기는 반면 토지임대형 주택에서만 토지불로소득 기회가 차단되기 때문에 실수요자라고 해도 바로 주택을 매입하지 않고 관망할 것이라는 것이다. 하지만 앞으로 공공기관에서 조성하는 택지에서 공급하는 주택은 모두 토지임대 방식으로 공급한다는 방침을 확고히 하면 이 문제는 상당 부분 해결할 수 있다. 대규모 토지 개발은 대부분 공공부문이 담당할 수밖에 없으므로 방침이 흔들리지만 않는다면 신규 주택에 대한 실수요자가 망설이는 일은 없을 것이다.

토지임대형 주택도, 시장을 통해서 인간다운 생활에 필요한 주거를 구할 수 없는 계층에 대해서는 복지적 관점에서 할인해서 공급할 수 있다. 할인액이 주택매입자의 불로소득이 되지 않도록 하려면 처분권을 제한할 필요가 있다. 건물처분권을 제한하면 그런 건물소유권은 임차권과 비슷하므로 토지임대형 주택은 공공임대주택과 유사해진다.

3) 환매조건부 주택

토지와 건물을 함께 시세보다 낮은 가격에 분양하지만 환매권 즉 주택을 일정한 금액에 되살 수 있는 권리를 유보하는 주택이다. 환매조건을 붙이는 것은 전매를 통한 불로소득을 방지하기 위해서다. 시세보다 낮은 가격에 분양하므로 거주기간 동안 불로소득이 발생하지만 이는 정책의 의도이므로 나쁘다고 할 수 없다. 다만 이런 유형은 복지적 관점에서 대상 계층을 한정하여 공급해야 한다.

환매조건부 주택은 처분권이 제한된다는 점에서 환매기간 동안에는 공공임대주택과 유사하다. 따라서 토지임대형 주택을 할인해서 공급하는 셈이다.

다만 대가를 지불하는 방식에서 공공임대주택과 차이가 있다. 공공임대주택의 임차인은 흔히 월세로 임차료를 지불하는 데 비해 환매조건부 주택의 매입자는 매입 시점에 목돈을 낸다. 임차인이 월세 대신 전세로 임차료를 지불할 경우에도 계약기간이 끝날 때 전세금을 그대로 돌려받지만 환매조건부 주택을 환매할 때는 초기 분양가격이 아닌 환매가격을 받는다. 그러나 환매가격이 분양가격과 같으면 환매조건부 주택은 전세 방식의 공공임대주택과 실질적으로 차이가 없어진다.

반면 환매가격을 분양가격보다 높게 책정한다면 불로소득이 발생할 수 있다. 또 환매조건부 주택은 언젠가는 환매기간이 끝나게 되는데 그

후에는 일반주택처럼 불로소득이 발생할 수 있다.

4) 지분형 주택

주택 분양가의 51%는 매입자가 부담하고 49%는 다른 투자자가 소유하도록 하는 방식이다. 매입자는 주택가격 51% 외에는 다른 부담이 없고 나머지 49% 부분은 임차료도 없이 무료로 사용하는 것이다. 그야말로 '반값' 아파트가 된다.

주거복지정책의 하나로 저소득층에게 주택을 싸게 공급하는 것이 목적이라면 이런 유형의 주택도 괜찮다. 그러나 복지가 목적이 아니라면 지분형 주택은 딜레마에 봉착하게 된다. 투자자가 얻을 수 있는 49%에 대한 이익은 주택가격 상승액뿐이므로 주택가격 상승률이 이자율과 비슷하거나 높아야만 투자를 유치할 수 있다. 주택은 건물과 토지로 구성되는데 건물가격은 시간이 지날수록 하락하기 마련이므로 지가 상승률이 상당한 정도가 되어야 투자가 이루어진다. 그런데 완전경쟁 토지시장에서 지가 상승률은 이자율보다 낮다. 즉 시장이 정상적이라면 지분형 주택에 대한 투자를 유치할 수 없고 투자를 유치하려면 집값이 비정상적으로 상승해야 한다는 딜레마에 봉착한다.